# 丽水保定窑址

复旦大学文物与博物馆学系
丽水市莲都区文化和广电旅游体育局（文物局） 编著

沈岳明　周雪妍　陈芳红　主编

文物出版社

**图书在版编目（CIP）数据**

丽水保定窑址 / 复旦大学文物与博物馆学系，丽水市莲都区文化和广电旅游体育局（文物局）编著；沈岳明，周雪妍，陈芳红主编. -- 北京：文物出版社，2021.10

ISBN 978-7-5010-7242-2

Ⅰ.①丽… Ⅱ.①复… ②丽… ③沈… ④周… ⑤陈… Ⅲ.①窑址(考古) — 文化遗址 — 研究 — 丽水 Ⅳ.①K878.54

中国版本图书馆CIP数据核字(2021)第197937号

## 丽水保定窑址

编　　著：复旦大学文物与博物馆学系
　　　　　丽水市莲都区文化和广电旅游体育局（文物局）

主　　编：沈岳明　周雪妍　陈芳红

封面设计：周雪妍
责任编辑：王　媛
责任印制：陈　杰

出版发行：文物出版社
社　　址：北京市东城区东直门内北小街2号楼
邮　　编：100007
网　　址：www.wenwu.com
经　　销：新华书店
印　　刷：北京荣宝艺品印刷有限公司
开　　本：889mm×1194mm　1/32
印　　张：5.5
版　　次：2021年10月第1版
印　　次：2021年10月第1次印刷
书　　号：ISBN 978-7-5010-7242-2
定　　价：98.00元

# 《丽水保定窑址》编委会

# 目　录

# 第三章 器物类型学分析与年代推测

# 第四章 器物纹样

# 第五章 结 论

# 插图目录

# 彩版目录

# 第一章　窑址概况

## 第一节　地理环境与历史沿革

丽水保定窑址，隶属于浙江省丽水市莲都区碧湖镇保定村，为国家重点文物保护单位通济堰的重要组成部分。其地理位置位于浙西南碧湖平原之上、瓯江干流龙泉溪与支流松阴溪（又名松溪）的汇合处，为瓯江上游至中游由龙泉溪折入大溪的重要交通节点，也是沟通浙、闽的重要通道之一。（图1-1）

据现存文献，"保定"作为行政区域的正式定名首次出现于《宋会要

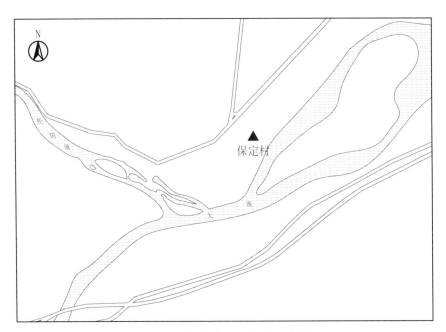

图1-1　保定村地理位置示意图

辑稿》之中，为北宋康定元年（1040 年）处州商税旧额记录中的一处税场名 [1]。按北宋时期两浙路税场名普遍取自旧时镇名的传统，税场所在镇大抵也名为保定。熙宁十年（1077 年）[2] 及元丰年间（1078 ～ 1085 年）[3] 的处州商税记录或市镇中再不见"保定"一条，推测该地于北宋中晚期已降格为草市。明清时，保定地区的建制历经"庄"[4]、"渡"[5]、"镇"[6] 等变化，曾作"宝定"[7]，民国期间再改为保定村 [8]。

[1] "处州，旧在城及青田、缙云、松阳、龙泉、遂昌县、保定七场。岁一万二千八百五十二贯。"见（清）徐松辑，刘琳等校点：《宋会要辑稿》第11册，上海：上海古籍出版社，2014年，第6326页。

[2] "熙宁十年祖额六万九千四十四贯七百五十三文，买扑三千一百三贯三百三文，处州旧在城及遂昌、青田、龙泉、缙云、松阳县，九龙、利山镇八务，岁万一千一百六十九贯。"见（清）徐松辑，刘琳等校点：《宋会要辑稿》第11册，上海：上海古籍出版社，2014年，第6407页。

[3] "上处州缙云郡军事治丽水县……县六，咸平二年改白龙县为松阳……"见（宋）王存等撰：《元丰九域志》卷五，（清）纪昀等编《景印文渊阁四库全书》第四七一册，台北：台湾商务印书馆，1986年，第128、129页。

[4] "元和乡在县西南，为都四，十七都，领庄十三；魏村四十五里……周巷四十五里，义埠五十里、宝定五十里。"见（清）张铣纂：《丽水县志》卷二，中国科学院图书馆编《稀见中国地方志汇刊》第一九册，北京：中国书店，1992年，第41页。

[5] "六和渡，在县西五十里保定，为六邑要津，故名，旧名宝定渡。"见（清）李钟岳等修，孙寿芝纂：《丽水县志》卷三，《中国方志丛书》，台北：成文出版社，1975年，第276页。

[6] "保定镇，（处州）府西五十里。明初置税课局于此，今废。西南达云和县之石塘隘四十里，西北达松阳县之石佛镇亦四十里，西北达松阳县之石佛镇亦四十里，为两县之要隘。"见（明）顾祖禹：《读史方舆纪要》卷九十四，浙江六，顾廷龙编《续修四库全书》第609册，上海：上海古籍出版社，2002年，第570页。

[7] "宝定税课局，在元和乡，今革。"见（明）胡宗宪纂，薛应旂修：《（嘉靖）浙江通志》卷十五，中国国家图书馆编《原国立北平图书馆甲库善本丛书》第三六五册，北京：国家图书馆出版社，2013年，第676页。

[8] "据前考证，宋代始有保定镇，元末明初阶段更名宝定镇。清雍正后为宝定庄。至民国改保定村，即今保定村。"见马峰燕：《资源、产业、交通、政策与小区域发展：宋元丽水保定镇的经济地理研究》，《历史地理（第二十六辑）》，上海：上海人民出版社，2012年，第304页。

自宋立朝，龙泉窑于瓯江上游兴起，并得益于历代水路疏浚活动 [1] 而大量外售。保定村依凭着水陆枢纽的区位优势，在龙泉瓷窑业的影响辐射之下亦于此间始建地方性窑场。清同治本《丽水县志》中有誉《明一统志》："丽水产青瓷器，求之不得，惟西乡宝定村有废窑三十六所，云昔时一窑举火有白气，次第八他窑不蒸而燃，后察其异，相约同时举火，见白气腾空去。自是器遂苦窳不售，窑亦渐坍。今时有破碗残盂出于沙砾，无复完美者。" [2] 文中"宝定"即今保定村之所在，虽内容存在民间传闻异辞的倾向，然不难回溯，保定一地的瓷窑业生产，在该志成书即天顺五年（1461 年）前曾兴盛一时。此后保定窑虽步入衰落阶段，然至民国时期仍留有烧窑传统——民国《丽水县志》载："平地、保定、瓦窑埠、兰山头均以制造砖瓦著名，尤以保定土质最佳。" [3] 据当地村民回忆，村内专烧砖瓦的窑炉似延烧至 20 世纪 70 年代。

## 第二节　历次考古调查、发掘与文物工作情况

与龙泉窑核心窑区的情况相似，保定窑址于近现代再次进入时人视野，始于古陶瓷学者陈万里先生 1928 年于龙泉地区展开的首次调查活动，其时地面残存产品之丰富，使他不免发出了"研几宋元明清青瓷者所梦想不到之奇遇"的喟叹 [4]。依据当时初步观察、采集到的标本风格，保定窑被判定为

---

[1]　"毕合百六十有五滩，龙泉居其半，缙云亦五之一。凡昔所难，尽成安流，舟昼夜行，无复激射覆溺之虞。"见（宋）龚原：《治滩记》，（清）顾国诏等纂修《（光绪）龙泉县志》卷一二，《中国方志丛书·华中地方·第二一七号》，台北：成文出版社，1975 年，第782页。

[2]　（清）彭润章：《（同治）丽水县志》卷十五，《中国方志丛书·华中地方·第一八六号》，台北：成文出版社，1975 年，第1130页。

[3]　孙寿芝总纂，赵治中点校：《丽水县志（民国版）》，北京：方志出版社，2017 年，第143页。

[4]　"……以丽水宝定青瓷之蕴藏，除完整者无从估计外，地面上所留存之碎片，已丰富如此，实为自来研几宋元明清青瓷者所梦想不到之奇遇。"见陈万里：《龙泉青瓷之初步调查》，《瓷器与浙江》，北京：中华书局，1946 年，第51页。

明时期窑址[1]。20 世纪 50 年代，温州专署文管会、丽水县文化馆曾先后对保定窑遗址进行过调查。1956 年，浙江省人民委员会将保定窑列为一级文物保护单位。1959 年，根据国家轻工业部《关于恢复历史名窑的决定》，同时配合瓯江水电站建设工程，浙江省文管会对丽水地区沿岸分布之古代瓷窑址进行了全面调查，新见保定第 12 号窑址等，并选择 4 号窑山开展考古发掘。该次工作揭露面积共 358 平方米，发现三条斜坡式龙窑窑床，仅对其中一条窑床（G1）做全面清理，其余两条窑床遗迹（G2、G3）做局部清理。发掘工作证明，窑山所在之土丘全部由窑业废品堆积而成。一号窑炉残斜长 37、宽 2.25 米，斜度 10 ～ 13 度，残留窑壁、窑门、圆拱形窑顶等基本结构。产品几乎仅见碗类，整体制作水平较为粗率。经当时领队牟永抗先生判断，保定窑的烧造时代以元为主，延续至明，在烧造技术上吸收了龙泉窑核心区域的生产传统，同时存在着自身的地方风格[2]。同时期，上海博物馆曾派员对丽水、龙泉地区古窑址进行调查，因丽水保定窑发现相当数量印有八思巴纹的瓷碗残片，推测其曾为统治阶级服务[3]。1962 年 9 月，保定窑址被正式列为丽水县文物保护

[1] a.“宝定：（宋？ 明）在大港头镇对岸，地属丽水，东距碧湖十五里，县治六十里。市镇附近错落散步高阜甚多，土人以窑山名之，实即窑基也。烧窑器托，散在四围，旧瓷窑片，俯拾即是。如此情形之窑山，约有二三十处。德人某曾于前年来此，要求购地发掘，未曾办到。”“若宝定，竹口，胡边月，则粗而带灰，固远逊大窑矣。” 见陈万里：《龙泉青瓷之初步调查》，《瓷器与浙江》，北京：中华书局，1946 年，第50页。
　　 b.“后由张君领到窑山那里调查。所谓窑山，简直是土阜。现在上部已有树木，基底一部分且有坟墓，瓶碗等碎件，往往就在此处发见。此种土阜，记有三十余处，本地人都叫做窑山。在这些地方所挖出来同自己流露出来东西，都叫他窑山货。吾们走到一个窑山地方，在山的侧面泥土里，发见不少烧窑的坏托。我在此检拾了许多碎片，可以作为比较研究材料。大概宝定出品，釉色比较的深，图案花纹亦比较的粗率，好像是当时的粗窑。” 见陈万里：《龙泉仿古记》，《瓷器与浙江》，北京：中华书局，1946 年，第72页。
[2] 浙江省文物管理委员会：《丽水青瓷调查发掘记》，浙江省文物考古研究所编《浙江省文物考古研究所学刊（第七辑）》，杭州：杭州出版社，2005 年，第509～537页。
[3] 陈亚兰：《丽水县宝定窑址发现八思巴文瓷片》，《文物》1962 年第11期，第66、67页。

单位[1]。而后，丽水文物部门针对该处窑址曾陆续开展多次考古调查。2003年，保定窑址经重新核定后公布为丽水市文物保护单位。

由于正式发掘活动年代久远、历次调查活动规模与材料公开程度有限，至今社会、学界对于丽水保定窑址的认识，仍止步于对遗迹形态、分布概况、生产年代、产品风格与生产工艺的初步把握，而对其窑业遗迹集群内各处窑址的具体生产年代和产品面貌、窑业中心的历时性转移及其原因、与龙泉窑核心区域窑业生产之联系与差异等情况未做深入探究。

## 第三节 本次调查工作概况与窑业分布形态

丽水保定窑址，即莲都区碧湖镇保定村内及外围区域的窑址集群，目前仍存12处窑业遗址。各处窑址中又残留有数条窑床，堆积普遍较为丰厚，面积均在2000平方米以上。其分布主要集中于村内窑山，村外围东北部水尾及西北部山坡后窑山、阁山边等三片区域（图1-2）。整体窑业分布形态与通济堰的堰区布局密不可分——村内窑山及村外水尾处的1至8号窑址均见于通济堰干渠两岸的土丘[2]之上，村外围西北部山坡区域的10至12号窑址则紧邻为通济堰储水的洪塘。

为进一步探索及再现保定窑于历史时期的立体生产图像，2020年7月至8月，复旦大学文物与博物馆学系与丽水市莲都区文物保护管理所组成联合调查组，对保定村附近已发现并保留的12处窑址进行了全面复查（图1-3：1～3）。本次调查负责人为沈岳明，参与调查、整理、绘图、摄影的有周雪妍、周禺含、陈恰、冯昊正、范翀、陈芳红、黄彩红、刘鼎、郑菁等。

---

[1] a. "1961年4月通济堰被列为省级文物保护单位，1962年丽水保定古窑址被列为第一批县重点文物保护单位，后丽水保定古窑址被划为通济堰的组成部分。"见叶兆雄：《丽水市志》，杭州：浙江人民出版社，1994年，第23页。

　　b. 丽水市文化广电新闻出版局：《丽水市第三次全国文物普查成果专题丛书：河滨遗范》，杭州：浙江古籍出版社，2011年，第70页。

[2] 附近村民多称呼村内此类土丘为"窑山"，20世纪60年代牟永抗先生主持的发掘活动判断4号窑山系窑业遗存堆积而成。

图1-2　保定村窑址分布示意图

Y1 所在窑山北临干渠，位于沿渠村道的南侧，路边即可见土丘剖面。地表几乎不见窑基、窑业遗物或残件，仅在丘西南靠近民居一侧由于建造挖土而形成的扰动区域的表土层下发现少量遗物残片，已遭破坏。（图 1-3：4）

Y2 东侧临渠，其余三面均已被民居包围，整体隆起高度较低。部分地表被附近居民辟为菜地，分属不同民户的地块由石块与窑业建筑残件分隔，此外已不见明确的遗迹现象。对地表做简易清理，剖去表土层后采集到部分遗物。（图 1-3：5）

Y3 与 Y4 所在窑山相邻且距离较近。3 号窑山北面见一大型断面，前有一空地，应为早前建设工程所致，断面表层见一定数量的窑砖、窑具遗存（图 1-3：6、7）。南面有一缓坡可作窑山入口，现紧邻一处民居。与 Y1 情况相似，靠民居一侧由于建设挖土形成一剖面，其中杂有相当数量的遗物残件，整体保存情况不佳。4 号窑山曾于 20 世纪开展发掘清理工作，目前仍留存一座斜坡式龙窑遗迹。窑炉尾部掩埋于山体之中，贴近地表处暴露一段外壁，兼有一处匣钵堆砌而成的窑门迹象（图 1-3：8）。窑炉西南侧堆积层丰富，厚约 50 ～ 150 厘米（图 1-4：1、2）。窑炉外围有一处下陷式土坑，四周同样发现零星窑具及产品残片（图 1-4：3）。Y5 与 Y3、Y4 隔渠相对，地表起伏平缓，似已经过村民平整，存有零星产品及窑具残片，未见明确遗迹现象及集中堆积。（图 1-4：4）

Y6 所在窑山位于保定村中心与水尾之间，土丘与周边农田相连，四周筑有小型灌溉渠道。土丘上层仅在地表见零星遗物，除去表土后未见集中性堆积，大部分遗物发现于土丘底层的小渠两侧，可能是水渠建设时挖土倾倒所致。（图 1-4：5 ～ 7；图 1-5：1）

Y7、Y8 由通济堰干渠相隔，分布于渠两侧的窑山之上。7 号窑山整体隆起明显，且在窑山高处仍可见相当数量的遗物（图 1-5：2、3）。8 号窑山北侧见一明确堆积层，厚约 30 ～ 50 厘米（图 1-5：4），另在土丘存在自然高差的区域发现零星的遗物堆积，但总体未见窑业遗迹，仅采集到部分标本。

Y9 至 Y12 均沿村西北部低缓山坡、面朝东侧公路分布，外围多已被农

1. 调查组师生合影

2. 调查现场

3. 调查现场

4. Y1扰动区域

5. Y2调查采集现场

6. Y3北侧断面表层遗物

7. Y3北侧断面

8. Y4窑壁与窑门遗迹

图1-3 窑址调查过程

1. Y4窑炉南侧堆积

4.5号窑山概貌

2. Y4窑炉南侧堆积细部

5.6号窑山概貌

6.6号窑山上层地表遗物

3.4号窑山西南部土坑

7.6号窑山底部水渠边堆积

图1-4　窑址调查过程

1.6号窑山上层调查现场

2.7号窑山高处采集现场

3.7号窑山高处采集现场

4.8号窑山北侧堆积

5.Y9山沟区域采集现场

6.Y10调查采集现场

7.Y11山下粗制物品堆积处

8.Y12山下沟渠旁遗物堆积区域

图1-5　窑址调查过程

户整理，形成阶梯状田地，未见窑业遗迹与集中堆积，遗物主要采集于高于平地 25 米以下的山体表面。Y9 遗物除零星采集于山体表面外，多于田地旁山沟及自然高差所在的堆积面中发现（图 1-5：5）。Y10 与 Y11 距离相近，后者地势较前者而言更为陡峻，且靠近平地处（即靠近 Y11 文保界碑处）多见韩瓶等粗制器皿（图 1-5：6、7）。Y12 所在山体表面遗物极为零星，后于山坡底层沟渠旁发现遗物集中分布区域，然扰动、破坏现象明显。（图 1-5：8）

由此，保定村区域内所存 12 处窑址，于本次调查内除 Y4 仍见窑炉遗迹及窑侧堆积外，仅 Y8 发现一处厚度较薄的堆积层。同时，由于居民房屋建设及种植地开垦等行为及灌木、乔木林的生长，窑址所在窑山及附近区域之地表遗物已基本不见，标本多于表土层下或扰动堆积中采集，整体保存情况不佳。

# 第二章　采集遗物

## 第一节　综述

本次调查共采集可辨器形的标本 1711 件及大量器物碎片，以碗为大宗，另见盏、盘、高足杯、韩瓶、研钵、钵、盆、坛、缸、罐、壶、灯、急须等器形（表 2-1）。依据制作的相对精细程度，遗物可大致分为精、粗两路产品。精制器物呈现出明显的龙泉窑风格，胎质较细，胎色浅灰；釉面匀净，呈青黄、青绿色泽；内底心常见刻划、压印等技法成形的莲花、牡丹、葵花、菊花、梅花、鹿、双鱼、杂宝纹饰以及八思巴文等文字装饰，外壁则见多重弦纹、莲瓣纹等。此类器物以窄圈足碗、盘与高足杯为典型代表，单件装烧或多件叠烧均有，前期一般使用泥饼填烧、泥点或泥饼间隔的装烧方式，后期逐渐转变为涩圈、涩饼[1]叠烧。粗制器物主要有粗圈足碗、盏、韩瓶、钵、盆、坛、缸、壶等，大多胎质粗疏；同一器形施青釉、黑釉均有，大多施釉不及底，碗、盘、盏常见多件青釉器与顶部一件黑釉器叠烧的现象，烧成温度低而多生烧现象；普遍不见纹样装饰，显见其低端生活用具的功能指向。

## 第二节　分述

### 一　碗

共 1246 件。根据底足形态差异可分四型。绝大部分碗施青釉，仅 C 型碗中存在黑釉产品。

---

[1]　此处的涩饼即器内底心刮釉或不施釉形成的饼形露胎现象。

表2-1　保定窑窑址采集标本数量统计表

| 器类 | 型/式 | Y1 | Y2 | Y3 | Y4 | Y5 | Y6 | Y7 | Y8 | Y9 | Y10 | Y11 | Y12 | 总数1 | 总数2 | 总数3 |
|---|---|---|---|---|---|---|---|---|---|---|---|---|---|---|---|---|
| 碗 | A | | | | | | | | | | | 2 | 2 | 4 | 4 | 1246 |
| 碗 | Ba | | | | | | | 1 | | | | 2 | | 3 | 15 | |
| 碗 | Bb | | | | | | 2 | | | | | | 9 | 11 | | |
| 碗 | Bc | | | | | | | | | | | | 1 | 1 | | |
| 碗 | Ca I | 19 | 14 | 22 | 17 | 22 | 65 | 127 | 51 | 158 | 120 | 157 | 21 | 793 | 900 | |
| 碗 | Ca II | | 2 | 8 | 49 | 3 | 41 | | 4 | | | | | 107 | | |
| 碗 | Cb I | | | 11 | 5 | 4 | 9 | 1 | | | 1 | 1 | 1 | 33 | 206 | |
| 碗 | Cb II | | | 35 | 109 | 5 | 22 | 1 | 1 | | | | | 173 | | |
| 碗 | Da | | | | | | | | 4 | 1 | 23 | 89 | | 117 | 121 | |
| 碗 | Db | | | | | | | 1 | | 1 | | | 2 | 4 | | |
| 小碗 | A | 1 | | | | 1 | | | | | | | | 2 | | 4 |
| 小碗 | B I | | | | | | | | | | | 1 | | 2 | 4 | |
| 小碗 | B II | | | | | | | | | | | | | | | |
| 盏 | A I | | | | | | | | | 1 | | 1 | | 2 | 8 | 51 |
| 盏 | A II | 1 | | | | | | | | | | 1 | 4 | 6 | | |
| 盏 | Ba I | | | | | | | | | | | 5 | | 5 | 12 | |
| 盏 | Ba II | | | | | | | | | | 1 | | | 1 | | |
| 盏 | Bb | | 1 | | | | | | | | | | | 1 | | |
| 盏 | Bc | | | | | | | | | | | | 5 | 5 | | |
| 盏 | C | | | | | | | | | 31 | | | | 31 | 31 | |

续表

| 器类 | 型/式 | | Y1 | Y2 | Y3 | Y4 | Y5 | Y6 | Y7 | Y8 | Y9 | Y10 | Y11 | Y12 | 总数1 | 总数2 | 总数3 |
|---|---|---|---|---|---|---|---|---|---|---|---|---|---|---|---|---|---|
| 盘 | A | | 2 | | | 1 | | | 1 | | | 1 | | | 5 | 5 | 11 |
| | B | | 1 | | | | | | | | 1 | 1 | | 1 | 4 | 4 | |
| | C | | | | | | | | | | | | 2 | | 2 | 2 | |
| 高足杯 | A | | | | | | | | 2 | | | | 3 | | 5 | 5 | 6 |
| | B | | | | | | | | | | 1 | | | | 1 | 1 | |
| 韩瓶 | / | | | | | | | | | | | 1 | 7 | 16 | 24 | 24 | 24 |
| 研钵 | A | | | | | | | | | | | | | 4 | 4 | 4 | 8 |
| | B | | | | | | | 1 | | | | | 2 | | 3 | 3 | |
| | C | | | | | | | | | | | | 1 | | 1 | 1 | |
| 钵 | A | | | | | | 1 | | | | 1 | | | 1 | 2 | 2 | 42 |
| | B | | | | | | | | | | | | | 7 | 7 | 7 | |
| | C | | | | 1 | | | | | | 1 | | | 1 | 3 | 3 | |
| | D | Da | | | | | | 1 | | | | 2 | | 10 | 13 | 28 | |
| | | Db | | | | | | | | | | 2 | 9 | 4 | 15 | | |
| | E | | | | | | | | | | | | | 2 | 2 | 2 | |
| 盆 | A | | | | | | | | | | | | | 1 | 1 | 1 | 38 |
| | B | | | | | | | | | | | | | 12 | 12 | 12 | |
| | C | | | | | | | | | | | | | 24 | 24 | 24 | |
| | D | | | | | | | | 1 | | | | | | 1 | 1 | |

续表

| 器类 | 型/式 | Y1 | Y2 | Y3 | Y4 | Y5 | Y6 | Y7 | Y8 | Y9 | Y10 | Y11 | Y12 | 总数1 | 总数2 | 总数3 |
|---|---|---|---|---|---|---|---|---|---|---|---|---|---|---|---|---|
| 坛 | A | | | | | | | | | | | | 3 | 3 | 3 | 7 |
| 坛 | B | | | 1 | | | | | | | 1 | | | 2 | 2 | |
| 坛 | C | | | | | | 2 | | | | | | | 2 | 2 | |
| 缸 | / | | | | | | | | | | | 2 | | 2 | 2 | 2 |
| 罐 | A | | | | | | 2 | | | | 2 | 2 | | 6 | 6 | 58 |
| 罐 | B Ba | | | | | | | | | | | | 9 | 9 | 52 | |
| 罐 | B Bb | | | | | | | | | 1 | 5 | 2 | 35 | 43 | | |
| 壶 | A | | | | | | | | | | | 2 | 13 | 15 | 15 | 21 |
| 壶 | B Ba | | | | | | | | | | | | 5 | 5 | 6 | |
| 壶 | B Bb | | | | | | | | | | | | 1 | 1 | | |
| 鏊 | / | | | | | | | | | | | | 3 | 3 | 3 | 3 |
| 灯 | / | | | | | | | | | | | | 1 | 1 | 1 | 1 |
| 急须 | / | | | | | | | | | | | | 1 | 1 | 1 | 1 |
| 器盖 | / | | | | | | | | | | | | 1 | 1 | 1 | 1 |
| 瓦片 | / | | | | | | | | | | | | 4 | 4 | 4 | 4 |
| 窑具 | 匣钵 | 11 | 10 | 3 | 6 | 2 | 17 | 12 | 16 | 8 | 1 | | | 86 | 86 | 183 |
| 窑具 | 泥饼 | 8 | | 6 | 14 | 5 | 26 | 3 | 7 | 1 | 2 | | | 73 | 73 | |
| 窑具 | 垫具 垫圈 | | | | | | | | | | | 1 | | 1 | 2 | |
| 窑具 | 垫具 垫饼 | | | | | | | | | | | 1 | | 1 | | |
| 窑具 | 支具 | | | 1 | | | | | | | | | 20 | 21 | 21 | |
| 窑具 | 轴顶碗 | | | | | | | | | | | 1 | | 1 | 1 | |
| 各窑采集标本总数 | | 43 | 27 | 88 | 201 | 43 | 188 | 149 | 83 | 206 | 163 | 295 | 225 | | 1711 | |

注：未分型标本不计入统计。

A 型

4 件。窄圈足，足径大，挖足浅，足墙平直，修足规整。选取标本 3 件。

20 保 Y11：2，口沿及上腹残，残高 6.2、足径 6.6 厘米。垂腹，足内外墙均斜削一圈。内壁有三道双线"S"形纹和一道旋纹，内腹与内底有明显分界痕。灰胎，胎质细腻。釉色深青灰，圈足不施釉。有泥饼填烧痕迹。(图 2-1：1；彩版一：1)

20 保 Y12：13，口沿与腹部均残，残高 4、足径 6.8 厘米。垂腹，足外墙斜削一圈。内壁刻划纹样，内腹与内底有明显分界痕。内底刻有莲纹，外壁近圈足处刻有放射状线条纹。胎色米黄，胎质细腻。釉色透明，有玻璃质感，足端及足内底不施釉。(图 2-1：2；彩版一：2)

20 保 Y12：58，口沿与腹部均残，残高 3.2、足径 7 厘米。垂腹，足外墙斜削一圈。内腹与内底有明显分界痕。胎色米黄，胎质细腻。釉色黄褐，足内底不施釉。(图 2-1：3)

B 型

15 件。窄圈足，足径较小，足墙低矮，修足规整。以腹部形态再分三亚型。

**Ba 型**　3 件。垂腹。

20 保 Y11：1，两件粘连，口沿及上腹均残，通高 6、足径 4.8 厘米。圈足外墙斜削一圈。内壁有三道出筋，内腹与内底有明显分界痕，内底心印有"金玉"字样。灰胎，胎质较粗。釉色青绿，圈足不施釉。下边一件碗圈足内粘有泥饼，两件碗之间以泥点间隔。(图 2-1：4；彩版一：3)

20 保 Y11：3，口沿及上腹残，残高 5.2、足径 5.4 厘米。圈足外墙斜削一圈。内壁有轻微拉坯痕迹，内腹与内底有明显分界痕；外壁装饰莲瓣纹，有浅浮雕质感。灰胎，胎质细腻。釉色青绿，圈足不施釉。足端有四个泥点痕迹。(图 2-1：5；彩版二：1)

20 保 Y7：1，仅余部分腹与足，残高 3.7 厘米。圈足外墙斜削一圈。内腹与内底有明显分界痕，外壁装饰有莲瓣纹。胎色灰，胎质较粗，内含细小

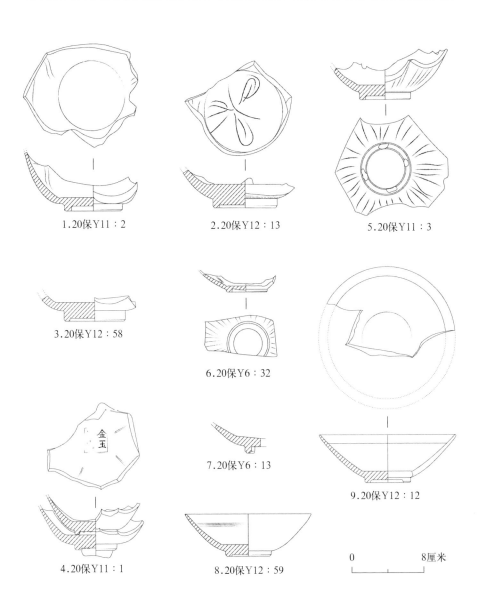

1.20保Y11：2

2.20保Y12：13

5.20保Y11：3

3.20保Y12：58

6.20保Y6：32

7.20保Y6：13

9.20保Y12：12

0　　　　　　　8厘米

4.20保Y11：1

8.20保Y12：59

图2-1　A型、B型碗
1~3.A型　4、5.Ba型　6~9.Bb型

黑色颗粒。釉色淡青黄，有缩釉现象，足端及足内底不施釉。

　　**Bb 型**　11件。斜直腹。选取标本4件。

　　20保Y6：32，仅余部分下腹与足，残高2、足径4.5厘米。圈足挖足较浅，足外墙斜削一圈，足内底边缘旋削一圈。内壁有曲线纹及篦纹，内腹与内底有明显分界痕，外壁刻有折扇纹。胎色灰，胎质细密。釉色青绿，足内底不施釉。底足有泥饼痕迹。（图2-1：6；彩版二：2）

　　20保Y6：13，仅余部分下腹与足，残高3厘米。足外墙斜削一圈。内腹与内底有分界，分界处刻有旋纹一圈。胎色灰，胎质较粗。釉色青绿，足内底不施釉。（图2-1：7）

　　20保Y12：12，仅余部分口沿、腹与足，高4.8、口径14.8、足径5厘米。直口，圈足挖足较浅，足内外墙均斜削一圈，足内底边缘旋削一圈。内外壁近口沿处均装饰宽旋纹一道，内腹与内底有明显分界痕。灰胎，胎质细腻。釉色淡青黄，足端及足内底不施釉。碗内底留有两个泥点痕迹。（图2-1：9；彩版二：3）

　　20保Y12：59，仅余部分口沿、腹与足，高4.4、口径14、足径4.9厘米。直口，圈足挖足较浅，足外墙斜削一圈。内壁装饰宽旋纹两道，内腹与内底有明显分界痕。灰胎。釉色淡青黄，施釉不及底。碗内底留有三个泥点痕迹。（图2-1：8；彩版三：1）

　　**Bc 型**　1件。弧腹。

　　20保Y12：11，仅余部分腹与足，残高2.2、足径5厘米。下腹斜弧，圈足挖足较深，足内墙有斜削痕迹，足内底边缘有旋削痕迹、底心尖凸。灰胎，胎质较粗。釉色淡青，釉面开片，足内底施釉，足端刮釉。（彩版三：2）

　　**C型**

　　1106件。窄圈足，足径大小及足墙高度适中，修足随意不规整。根据装烧工艺分为二亚型。

　　**Ca 型**　900件。留有泥饼填烧、泥点间隔的装烧痕迹。根据足端形态差异再分二式。

——Ⅰ式，793件。足端圆弧，为本次采集品之大宗。选取标本169件。

20 保 Y1：2，底足残片，残高 2.2、足径 6.2 厘米。圈足外墙有斜削痕迹，足内底边缘旋削一圈。碗内底装饰旋纹一圈，旋纹内刻有莲纹。胎色浅灰，胎质较粗。釉色青，有开片，足内底不施釉。底足粘有泥饼残块。（彩版三：3）

20 保 Y1：3，底足残片，残高 2.1、足径 6.8 厘米。圈足外墙有斜削痕迹，足内底边缘有旋削痕迹。碗内底装饰旋纹一圈，旋纹内所饰纹样未能辨识。胎色偏黄，胎质较粗。釉色黄绿，有开片，足内底不施釉。底足有泥饼痕迹。

20 保 Y1：4，底足残片，残高 1.6 厘米。圈足外墙有斜削痕迹，足内底边缘旋削一圈。碗内底装饰旋纹一圈，旋纹内所饰字样未能辨识，似为八思巴文。灰胎，胎质较粗。釉色青绿，有开片，足内底不施釉。底足有泥饼痕迹。

20 保 Y1：5，口沿及上腹均残，残高 3.5、足径 6.7 厘米。弧腹，圈足外墙有斜削痕迹，足内底边缘旋削一圈。内壁有多组曲线纹与篦纹组合；碗内底装饰旋纹一圈，旋纹内饰有莲纹。灰胎，胎质较粗。釉色青绿，有开片，足内底不施釉。底足粘有泥饼残块。（彩版三：4）

20 保 Y1：6，口沿及上腹均残，残高 3.1、足径 6.9 厘米。弧腹，圈足挖足略浅，足外墙有斜削痕迹，足内底边缘旋削一圈。碗内底装饰旋纹一圈，旋纹内有八思巴文。胎色偏红，胎质较粗。釉色青黄，足底不施釉。底足有泥饼痕迹。（彩版四：1）

20 保 Y1：7，口沿及上腹均残，残高 2、足径 6.3 厘米。有塌烧现象，严重变形。圈足外墙有斜削痕迹，足内底边缘旋削一圈。内壁刻划有多道曲线纹；碗内底装饰旋纹一圈，旋纹内饰有花卉纹样。灰胎，胎质较粗。釉色青黄，足内底不施釉。底足粘有泥饼残块。（彩版四：2）

20 保 Y2：2，仅余部分下腹与底足，残高 3.5、足径 5.6 厘米。弧腹，圈足外墙有斜削痕迹，足内底边缘旋削一圈。内壁饰有曲线与篦纹组合，碗内底刻有旋纹一圈。灰胎，胎质较粗。釉色青绿，足内底不施釉。底足有泥饼痕迹。（图 2-2：1）

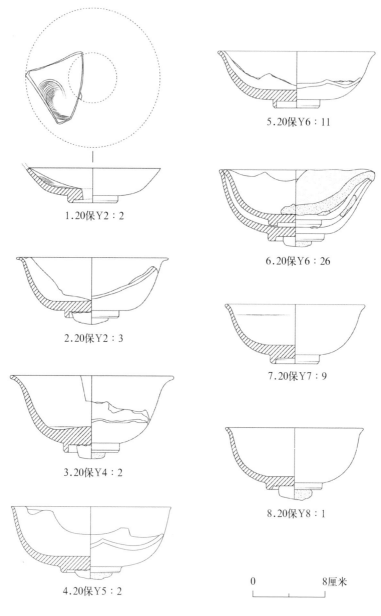

1.20保Y2：2

2.20保Y2：3

3.20保Y4：2

4.20保Y5：2

5.20保Y6：11

6.20保Y6：26

7.20保Y7：9

8.20保Y8：1

0　　　　　　　8厘米

图2-2　C型碗

1~8.Ca型Ⅰ式

20 保 Y2：3，口沿及上腹残，留有部分口沿，微有变形，高 6.5、口径 16.8、足径 6 厘米。侈口，弧腹，圈足外墙有斜削痕迹，足内底边缘有旋削痕迹。灰胎，胎质较粗。釉色青灰。底足粘有泥饼，内壁近口沿处粘有匣钵残块。（图 2-2：2）

20 保 Y2：4，口沿及上腹均残，残高 3.2、足径 8.5 厘米。弧腹，圈足外墙斜削一圈，足内底边缘旋削一圈。碗内底装饰旋纹一圈，旋纹内所饰花卉纹样不清晰。灰胎，胎质较粗。釉色青黄，足内底不施釉。底足有泥饼痕迹。

20 保 Y2：5，仅余部分下腹与足，残高 4.8、足径 5.8 厘米。弧腹，圈足外墙斜削一圈，足内底边缘旋削一圈。碗内底装饰旋纹一圈，旋纹内刻有菊花纹。胎色浅灰，胎质较粗。釉色青，足内底不施釉。底足有泥饼痕迹。（彩版四：3）

20 保 Y2：6，仅余部分下腹与足，残高 3.7、足径 7 厘米。弧腹，圈足外墙斜削一圈，足内底边缘旋削一圈。碗内底装饰旋纹一圈，旋纹内饰有牡丹纹。胎色灰，胎质较粗。釉色青绿，足内底不施釉。底足有泥饼痕迹。

20 保 Y3：1，仅余部分腹与足，残高 4.6、足径 6.5 厘米。弧腹，圈足外墙斜削一圈。内腹与内底交界处装饰旋纹一圈，旋纹内装饰八思巴文。灰胎，内含少量黑色颗粒。釉色青灰，足端及足内底不施釉。

20 保 Y3：2，仅余部分腹与足，残高 3.6、足径 6 厘米。弧腹，圈足外墙斜削一圈。内腹与内底交界处装饰旋纹一圈，旋纹内刻有多重菊瓣纹。灰胎，内含细小气孔及少量黑色颗粒。釉色青，足端及足内底不施釉。

20 保 Y3：3，口沿与上腹均残，残高 2.5、足径 6.1 厘米。弧腹，圈足外墙斜削一圈。碗内底装饰旋纹一圈，旋纹内所饰纹样不清晰。胎色偏黄，内含细小气孔。釉色青黄，足端及足内底不施釉。

20 保 Y3：4，口沿及腹残，留有部分口沿与器身，有变形，高 7.2、足径 6.2 厘米。侈口，弧腹微垂，圈足外墙斜削一圈。碗内底与外壁近足处各装饰旋纹一圈。灰胎，胎质较粗。釉色青灰，足端及足内底不施釉。底足有泥饼痕迹。

　　20 保 Y3：5，仅余部分底足与下腹，残高 3.4、足径 5.9 厘米。弧腹，圈足外墙斜削一圈。碗心饰有纹样，似为篆书。灰胎，胎质较粗。釉色青黄，足端及足内底不施釉。

　　20 保 Y4：1，口沿及上腹残，留有部分口沿，高 6.6、口径 17、足径 6.5 厘米。侈口，弧腹，圈足外墙斜削一圈，足内底边缘旋削一圈。碗内底刻有旋纹一圈，旋纹内饰有牡丹纹和八思巴文。胎色灰，胎质粗疏。釉色青绿，足内底不施釉。底足有泥饼痕迹。（彩版五：1）

　　20 保 Y4：2，口沿及上腹残，余部分口沿，高 8.2、口径 18、足径 6.2 厘米。侈口，弧腹微垂，圈足挖足较深，足外墙斜削一圈。内壁近底处刻有旋纹一圈，内底所饰梅花纹不清晰。灰胎，胎质较粗。釉色淡青，足端与足内底不施釉。底足粘有泥饼，口沿粘有匣钵残块。（图 2-2：3；彩版四：4）

　　20 保 Y4：3，口沿及上腹均残，残高 3.3、足径 6.2 厘米。下腹弧，圈足外墙斜削一圈，足内底边缘旋削一圈。碗内底刻有双重旋纹一圈，旋纹内刻莲纹。胎色灰，胎质粗疏。釉色青绿，玻璃质感较强，足内底不施釉。底足有泥饼痕迹。

　　20 保 Y4：4，仅余部分下腹与足，残高 3.3、足径 6.4 厘米。圈足内外墙各斜削一圈，足内底边缘旋削一圈。碗内底刻有旋纹一圈，旋纹内刻有花卉纹。胎色灰，胎质粗疏。釉色淡青，足端与足内底不施釉。足端有两个泥点痕迹。

　　20 保 Y5：2，部分口沿及腹部残，高 7、口径 17.4、足径 6.5 厘米。侈口，圆唇，上腹弧，下腹微垂，圈足外墙斜削一圈，足内底边缘旋削一圈。碗内底装饰旋纹一圈，旋纹内所饰纹样未能辨识。灰胎，胎中夹少量黑色颗粒及气孔。釉色青绿，圈足不施釉。底足粘有泥饼。（图 2-2：4）

　　20 保 Y5：3，部分口沿及上腹残，高 6.1、口径 17.4、足径 5.2 厘米。侈口，圆唇，弧腹，下腹垂，圈足外墙斜削一圈，足内底边缘旋修一圈。碗内底装饰旋纹一圈，旋纹内所饰梅花纹不清晰。灰胎，胎质较粗。釉色青灰，釉层有剥落现象，圈足不施釉。

　　20 保 Y5：4，口沿及上腹均残，残高 4.6、足径 6.8 厘米。弧腹，圈足挖足略浅，足外墙斜削一圈，足内底边缘旋削一圈。碗内底装饰旋纹一圈，旋纹内印有双鱼纹。胎色黄褐，胎质较粗。釉色青黄，足端及足内底不施釉。

20 保 Y5∶5，口沿及上腹均残，残高 4.5、足径 6.1 厘米。下腹弧，圈足外墙斜削一圈，足内底边缘旋削一圈。碗内底装饰旋纹一圈，旋纹内刻有莲纹；外壁近足处饰有旋纹数道。灰胎，胎质较粗。釉色淡青，足端及足内底不施釉。圈足内有泥饼填烧痕迹。

20 保 Y5∶6，口沿及上腹均残，残高 5、足径 6.6 厘米。弧腹，圈足外墙斜削一圈，足内底边缘旋修一圈。碗内底装饰旋纹一圈，旋纹内所饰纹样不清晰。灰胎，胎质较粗，内含少量黑色颗粒。釉色浅青，足端及足内底不施釉。圈足内粘有泥饼。

20 保 Y5∶7，口沿及上腹均残，残高 2.8、足径 6.2 厘米。下腹弧，圈足外墙斜削一圈。碗内底装饰旋纹一圈，旋纹内所饰纹样不清晰。胎色灰黄，胎质较粗，含有细小黑色颗粒。内外壁釉色不同，内壁釉色偏黄，外壁呈青灰色，足端及足内底不施釉。

20 保 Y5∶9，部分口沿及腹部残，高 6、足径 5.6 厘米。侈口，弧腹，下腹微垂，圈足外墙斜削一圈，足内底边缘旋修一圈。碗内底装饰旋纹一圈，旋纹内所饰莲纹不清晰。浅灰胎，胎质较粗，内含细小黑色砂粒。釉色青绿，足端及足内底不施釉。底足粘有泥饼。

20 保 Y6∶1，口沿及腹残，残高 1.8、足径 5.4 厘米。圈足外墙斜削一圈。碗心刻有花草纹及篦点纹样。胎色浅灰。釉色青绿，足内底不施釉。底足有泥饼痕迹。

20 保 Y6∶2，口沿及上腹残，残高 3.8、足径 6.6 厘米。弧腹，圈足外墙斜削一圈，足内底边缘旋削一圈。碗内底刻有旋纹一圈，旋纹内印有八思巴文。胎色偏红。釉色青灰，足端与足内底不施釉。底足有泥饼痕迹。（彩版五∶2）

20 保 Y6∶3，仅余部分下腹与足，残高 5.5、足径 7.4 厘米。弧腹，圈足外墙斜削一圈，足内底边缘旋削一圈。碗心印有八思巴文。胎色偏红。釉色青黄，足端与足内底不施釉。底足有泥饼痕迹。

20 保 Y6：4，口沿及上腹残，残高 3.3、足径 6.3 厘米。弧腹，圈足外墙斜削一圈，足内底边缘旋削一圈。碗内底刻有旋纹一圈，旋纹内刻有"富"字样。生烧，胎色偏红。底足有泥饼痕迹。

20 保 Y6：5，口沿及上腹残，残高 3、足径 6.4 厘米。弧腹，圈足外墙斜削一圈，足内底边缘旋削一圈。碗心刻有梅花纹。胎色灰，胎质粗疏。釉色青绿，足端与足内底不施釉。底足粘有泥饼。

20 保 Y6：6，口沿及上腹残，残高 3.9、足径 7 厘米。弧腹，圈足外墙斜削一圈，足内底边缘旋削一圈。碗内底刻有旋纹一圈，旋纹内刻有莲纹。生烧，胎色偏红。底足有泥饼痕迹。

20 保 Y6：7，口沿及上腹均残，残高 3.2、足径 6 厘米。弧腹，圈足外墙斜削一圈，足内底边缘旋削一圈。碗内底刻有双重旋纹一圈，旋纹内所刻纹样未能辨识。胎色灰，胎质粗疏。釉色青绿，足端与足内底不施釉。底足粘有泥饼。

20 保 Y6：8，口沿及上腹均残，残高 4.5、足径 6 厘米。弧腹，圈足外墙斜削一圈，足内底边缘旋削一圈。碗内底刻有旋纹一圈，旋纹内印有花卉纹样。胎色灰，胎质较粗。釉色青绿，足端与足内底不施釉。底足粘有泥饼。

20 保 Y6：9，口沿及上腹残，留有部分口沿，高 6.3、口径 18.5、足径 6.2 厘米。侈口，弧腹，圈足外墙斜削一圈，足内底边缘旋削一圈。碗内底刻有旋纹一圈，旋纹内所饰纹样不清晰。胎色灰，胎质较粗。釉色青绿，足端与足内底不施釉。底足有泥饼痕迹。

20 保 Y6：10，口沿及上腹均残，残高 5.5、足径 5.8 厘米。弧腹，圈足外墙斜削一圈，内底边缘旋削一圈。碗心所刻花卉纹不清晰。胎色灰，胎质较粗。釉色青绿，足内底不施釉。底足有泥饼痕迹。

20 保 Y6：11，口沿及上腹残，留有部分口沿，高 6、足径 5.2 厘米。侈口，弧腹，圈足挖足较深，足外墙斜削一圈。胎色浅灰，胎质较粗。釉色浅青，足内底不施釉。底足有泥饼痕迹。（图 2-2：5）

20 保 Y6：17，仅余部分下腹与足，残高 2.6 厘米。圈足挖足略浅，足外墙斜削一圈，足内底边缘旋削一圈。碗内底刻有旋纹一圈，旋纹内刻有"贵"字纹。胎色灰，胎质较粗。釉色青绿，足端与足内底不施釉。

20 保 Y6∶26，两件叠烧，部分口沿与腹部残，通高 8、足径 6.2 厘米。口沿与腹部变形均较严重。下边一件为斜弧腹，圈足外墙斜削一圈。碗内底均装饰旋纹一圈。均为灰胎，内含细小黑色颗粒。釉色青灰，下边一件足端及足内底不施釉。上边一件内底粘有匣钵残块，下边一件圈足内粘有泥饼、外壁粘有匣钵残块，器物间以泥点间隔。（图 2-2∶6）

20 保 Y7∶3，部分口沿与腹残，高 6.3、口径 20、足径 6.8 厘米。侈口，弧腹，圈足外墙斜削一圈，足内底边缘旋削一圈。内壁近口沿处装饰旋纹一圈；内底装饰旋纹一圈，旋纹内所饰纹样不清晰。胎色灰，胎质较粗，内含细小气孔。一侧釉色青黄，另一侧釉色青灰，足内底不施釉。圈足内粘有泥饼残块。（彩版五∶3）

20 保 Y7∶4，仅余部分腹与足，残高 4.9、足径 7 厘米。弧腹，圈足外墙斜削一圈。内壁刻划数组曲线与篦纹组合，内底装饰牡丹纹。灰胎，胎质较粗，内含有黑色颗粒及气孔。釉色青。圈足内粘有泥饼。

20 保 Y7∶5，口沿与上腹残，残高 2.8 厘米。碗内底装饰旋纹一圈，旋纹内装饰菊花纹。胎色灰，胎质较粗，内含细小气孔。釉色青灰。外壁粘有匣钵顶部残片。

20 保 Y7∶6，口沿与上腹残，残高 3.5、足径 6.2 厘米。下腹浅斜弧，圈足外墙斜削一圈，足内底边缘旋削一圈。碗内底装饰旋纹一圈，旋纹内装饰"寿"字纹。胎色灰，胎质较粗，内含较多黑色颗粒与细小气孔。釉色青，足端及足内底不施釉。圈足内有泥饼痕迹。

20 保 Y7∶7，仅余部分腹与足，残高 2.6、足径 6.8 厘米。下腹变形较为严重，圈足外墙斜削一圈，足内底边缘旋削一圈。碗内底装饰旋纹一圈，旋纹内所饰花卉纹不清晰。胎色灰，胎质较粗，内含细小气孔。釉色青黄，足内底不施釉。圈足内粘有泥饼残块。

20 保 Y7∶8，仅余部分腹与足，残高 5.1、足径 6.3 厘米。下腹斜弧略垂，圈足外墙斜削一圈，足内底边缘旋削一圈。碗内底装饰旋纹一圈，旋纹内装饰菊花纹。胎色灰，胎质较粗，内含细小气孔。釉色青绿，足端及足内底不施釉。圈足内粘有泥饼残块。

20保Y7：9，仅余部分口沿、腹部与足，高6.3、口径15.4、足径5.4厘米。侈口，弧腹，圈足外墙斜削一圈，足内底边缘旋削一圈。内壁近口沿处装饰旋纹一圈，内底装饰旋纹一圈，外壁近口沿处与近足处各装饰旋纹一圈。胎色灰，胎质较粗，内含细小气孔。釉色青，足端及足内底不施釉。圈足内有泥饼痕迹。（图2-2：7）

20保Y7：10，仅余部分腹与足，残高2、足径6.1厘米。下腹斜弧，圈足外墙斜削一圈，足内底边缘旋削一圈。碗内底装饰旋纹一圈，旋纹内印有葵花纹。胎色灰，胎质较粗，内含细小黑色颗粒与气孔。釉色青灰，足内底不施釉。圈足内有泥饼痕迹。

20保Y7：11，仅余部分腹与足，残高3、足径7厘米。下腹弧，圈足外墙斜削一圈，足内底边缘旋削一圈。碗内底装饰旋纹一圈，旋纹内所饰牡丹纹不清晰。灰胎，胎质较粗，内含较多黑色颗粒。釉色青，足端及足内底不施釉。圈足内有泥饼痕迹。

20保Y7：12，口沿与腹均残，残高1.6、足径7厘米。圈足外墙斜削一圈，足内底边缘旋削一圈。内壁刻划数道曲线纹，内底所饰牡丹纹不清晰。灰胎，胎质较粗，内含细小气孔。釉色青绿，足端及足内底不施釉。圈足内粘有泥饼残块。

20保Y7：13，口沿与腹部均残，残高2.2、足径6.6厘米。圈足外墙斜削一圈，足内底边缘旋削一圈。碗内底装饰旋纹一圈，旋纹内所饰牡丹纹不清晰。灰胎，胎质较粗，内含细小气孔。釉色青黄，足内底不施釉。圈足内粘有泥饼残块。

20保Y7：14，口沿与腹均残，残高2.4、足径6.1厘米。圈足，足外墙斜削一圈，足内底边缘旋削一圈。碗内底装饰旋纹一圈，旋纹内装饰双鱼纹。胎色灰，胎质较粗，内含细小气孔。釉色青绿。圈内足粘有泥饼。

20保Y7：15，口沿与腹均残，残高1.5、足径6厘米。下腹变形较为严重，圈足外墙斜削一圈，足内底边缘旋削一圈。碗内底装饰旋纹一圈，旋纹内装饰葵花纹。胎色灰，胎质较粗，内含细小气孔。釉色青黄，足端及足内底不施釉。圈足内粘有泥饼残块。

　　20 保 Y7：16，口沿与腹部残，残高 4.2、足径 6.6 厘米。下腹斜弧，圈足外墙斜削一圈，足内底边缘旋削一圈。碗内底装饰旋纹一圈，旋纹内所饰花卉纹不清晰。胎色灰，内含细小黑色颗粒。釉色青，足内底不施釉。圈足内有泥饼痕迹。（彩版五：4）

　　20 保 Y7：17，口沿与腹均残，残高 2.4、足径 6.1 厘米。下腹斜弧，圈足外墙斜削一圈，足内底边缘旋削一圈。碗内底装饰旋纹一圈，旋纹内所饰牡丹纹不清晰。胎色灰，胎质较粗，内含细小气孔。釉色青，足内底不施釉。圈足内有泥饼痕迹。

　　20 保 Y7：18，口沿与上腹残，残高 1.5、足径 6 厘米。下腹变形较为严重，圈足外墙斜削一圈，足内底边缘旋削一圈。碗内底装饰旋纹一圈，旋纹内装饰葵花纹。胎色灰，胎质较粗，内含细小气孔。釉色青黄，足端及足内底不施釉。圈足内粘有泥饼残块。

　　20 保 Y7：19，口沿与腹部残片，残高 4.6、残宽 7.5 厘米。侈口，浅斜弧腹。外壁近口沿处装饰密集旋纹四道，另有三道短斜线与之相交；外壁刻划莲瓣纹。胎色灰，胎质粗疏，内含较多黑色细小颗粒及气孔。釉色青绿。

　　20 保 Y7：26，仅余部分腹与足，残高 2.8、足径 6.4 厘米。弧腹，圈足内底边缘旋削一圈。碗内底装饰旋纹一圈，旋纹内所饰纹样未能辨识。灰胎，胎质较粗，内含细小气孔。釉色青绿，足端及足内底不施釉。圈足内粘有泥饼残块。

　　20 保 Y8：1，口沿及上腹残，留有部分口沿，高 6.6、口径 15.1、足径 6.2 厘米。侈口，弧腹，圈足外墙斜削一圈，足内底边缘旋削一圈。碗内底装饰旋纹一圈。胎色浅灰，胎质较粗。釉色青，足端及足内底不施釉。底足粘有泥饼。（图 2-2：8；彩版五：5）

　　20 保 Y8：2，口沿及上腹残，留有部分口沿，高 5.6、口径 15.8、足径 6.2 厘米。侈口，弧腹，圈足外墙斜削一圈，足内底边缘旋削一圈。碗内底装饰旋纹一圈，旋纹内饰梅花纹。胎色浅灰，胎质较粗。釉色青，足内底不施釉。底足有泥饼痕迹。

20 保 Y8：3，口沿及腹残，残高 3.6、足径 6.2 厘米。弧腹，圈足外墙斜削一圈，足内底边缘旋削一圈。碗内底装饰旋纹一圈，旋纹内饰莲纹。灰胎，胎质较粗。釉色青黄，有开片，足内底不施釉。底足粘有泥饼。

20 保 Y8：4，口沿及上腹残，残高 2.6、足径 6.7 厘米。弧腹，圈足外墙斜削一圈，足内底边缘旋削一圈。碗内底装饰旋纹一圈，旋纹内所饰花卉纹样不清晰。胎色浅黄，胎质较粗。釉色青黄，足端及足内底不施釉。底足有泥饼痕迹。

20 保 Y8：5，仅余部分腹与足，残高 2.5、足径 6 厘米。圈足外墙斜削一圈，足内底边缘旋削一圈。碗内底装饰旋纹一圈，旋纹内刻莲纹。浅灰胎，内含细小黑色颗粒及气孔。釉色青绿，足端及足内底不施釉。底足粘有泥饼残块。

20 保 Y8：6，口沿与腹残，残高 3.5、足径 6.8 厘米。弧腹，圈足外墙斜削一圈，足内底边缘旋削一圈。碗内底装饰旋纹一圈，旋纹内刻"羊衔草"纹。生烧，胎色偏红，胎质较粗。足内底不施釉。底足有泥饼痕迹。

20 保 Y8：7，口沿与上腹残，残高 2.8、足径 6.2 厘米。圈足外墙斜削一圈，足内底边缘旋削一圈。碗内底装饰旋纹一圈，旋纹内所饰莲纹不清晰。灰胎，胎质较粗。釉色青绿，玻璃质感较强，足端及足内底不施釉。底足粘有泥饼。

20 保 Y8：8，口沿与上腹残，残高 3.3、足径 6.8 厘米。弧腹，圈足外墙斜削一圈，足内底边缘旋削一圈。碗内底装饰旋纹一圈，旋纹内印菊花纹。灰胎，胎质较粗。釉色青灰，有开片。底足粘有泥饼。

20 保 Y8：9，口沿及腹残，残高 2.8、足径 6.2 厘米。圈足外墙斜削一圈，足内底边缘旋削一圈。碗内底装饰旋纹一圈，旋纹内饰梅花纹。灰胎，胎质较粗。釉色青绿，足端及足内底不施釉。底足粘有泥饼。

20 保 Y8：10，仅余部分腹与足，残高 2.7、足径 8 厘米。圈足外墙斜削一圈，足内底边缘旋削一圈。碗内底装饰旋纹一圈，旋纹内印有葵花纹。灰胎，胎质较粗。釉色青黄，足内底不施釉。底足有泥饼痕迹。

20 保 Y8：11，仅余部分腹与足，残高 5.4、足径 6.5 厘米。弧腹，圈足外墙斜削一圈，足内底边缘旋削一圈。碗内底装饰旋纹一圈，旋纹内所饰纹样不清晰。胎色偏红，胎质较粗。釉色青黄，足端及足内底不施釉。底足有泥饼痕迹。

20 保 Y8：19，口沿及上腹残，残高 2.3、足径 6.9 厘米。圈足外墙斜削一圈，足内底边缘旋削一圈。碗内底装饰旋纹一圈，旋纹内印牡丹纹样。胎色偏红，胎质较粗。釉色青黄，足端及足内底不施釉。底足有泥饼痕迹。

20 保 Y8：20，单件装烧，多层匣钵叠烧，约有 5 件。多为侈口，腹部皆严重变形，皆为窄圈足，足外墙斜削一圈，足内底边缘旋削一圈。最上边一件碗内底装饰旋纹一圈。皆为灰胎，胎质均较粗。釉色青绿，足内底均不施釉。每件碗底足均粘有泥饼，内外壁均粘有匣钵残片。(彩版五：6)

20 保 Y9：4，口沿及上腹残，留有部分口沿，高 6.4、足径 6.5 厘米。侈口，弧腹，圈足外墙斜削一圈。内壁有多条曲线纹，内底饰莲纹。胎色浅灰，胎质较粗。釉色青绿，有开片，足内底不施釉。底足有泥饼痕迹。(图2-3：2)

20 保 Y9：5，口沿及上腹均残，下腹与底完全与匣钵粘连，有变形。内壁有多组曲线纹；内底饰旋纹一圈，旋纹内有莲纹。胎色浅灰，胎质较粗。釉色青绿，玻璃质感强，有开片。

20 保 Y9：6，口沿及上腹均残，有变形，残高 2、足径 5.8 厘米。圈足外墙斜削一圈，足内底边缘有旋削痕迹。内壁有多组曲线纹与篦纹组合，内底饰宝珠纹。胎色浅灰，胎质粗疏。釉色青绿，玻璃质感强，有开片，足内底不施釉。底足粘有泥饼；下腹粘连匣钵残块，匣钵残块粘有另一件器物的口沿。(图2-3：1；彩版六：1)

20 保 Y9：7，仅余部分下腹与足，残高 4、足径 7.3 厘米。圈足外墙斜削一圈，足内底边缘旋削一圈。内壁有两道曲线纹；内底饰旋纹一圈，旋纹内饰宝珠纹。胎色灰，胎质较粗。釉色青灰，有开片，足内底不施釉。底足有泥饼痕迹。(彩版六：2)

20 保 Y9：8，仅余部分下腹与足，残高 3、足径 6.5 厘米。圈足外墙斜

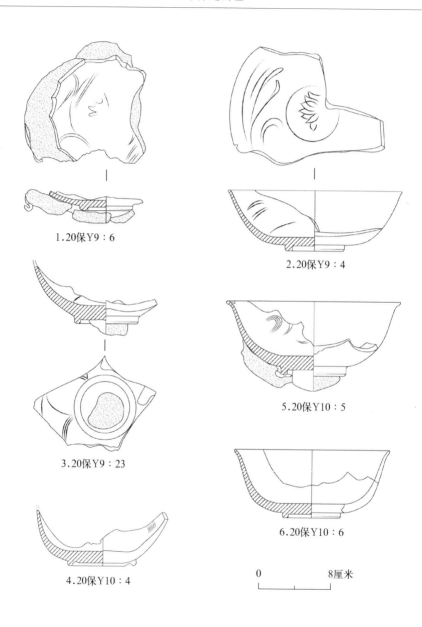

1.20保Y9：6

2.20保Y9：4

3.20保Y9：23

4.20保Y10：4

5.20保Y10：5

6.20保Y10：6

0　　　　　　　　8厘米

图2-3　C型碗

1～6.Ca型Ⅰ式

削一圈，足内底边缘旋削一圈。内壁有两组曲线纹与篦纹组合，内底饰莲纹。胎色浅灰，胎质较细。釉色青灰，玻璃质感较强，有开片，足内底不施釉。底足有泥饼痕迹。

20 保 Y9：9，仅余部分下腹与足，残高 4.6、足径 8.8 厘米。圈足外墙斜削一圈，足内底边缘有旋削痕迹。内壁有多组曲线纹与篦纹组合，内底有旋纹一圈，外壁近口沿处有旋纹四道。胎色浅灰，胎质粗疏。釉色青黄，足内底不施釉，釉层不均匀。底足有泥饼痕迹。

20 保 Y9：10，仅余部分下腹与足，残高 2.8、足径 6.5 厘米。圈足外墙斜削一圈，足内底边缘旋削一圈。内壁有多组曲线纹与篦纹组合；内底饰旋纹一圈，旋纹内刻有莲纹。胎色浅灰，胎质较粗。釉色青绿，有玻璃质感，有开片，足内底不施釉。底足有泥饼痕迹。

20 保 Y9：11，仅余部分下腹与足，残高 1.8、足径 7 厘米。圈足外墙斜削一圈，足内底边缘旋削一圈。碗内底饰旋纹一圈，旋纹内饰有莲纹。胎色浅灰，胎质较粗。釉色青灰，有开片，足内底不施釉。底足有泥饼痕迹。

20 保 Y9：12，仅余部分下腹与足，残高 3.5、足径 6.5 厘米。圈足外墙斜削一圈，足内底边缘旋削一圈，有修足痕迹。碗心饰旋纹一圈，旋纹内刻莲纹。胎色灰白，胎质较粗。釉色青绿，有开片，足内底不施釉。底足有泥饼痕迹。

20 保 Y9：13，口沿及上腹均残，残高 3.8、足径 7.5 厘米。弧腹，圈足外墙斜削一圈，足内底边缘旋削一圈，有修足痕迹。碗内底饰旋纹一圈，旋纹内有一株双朵葵花纹，茎左右两侧分刻"字"与"大"。胎色浅灰，胎质较粗。釉色青绿，有开片，足内底不施釉。底足粘有泥饼残块。（彩版六：3）

20 保 Y9：14，仅余部分腹与足，残高 1.8、足径 6.4 厘米。圈足外墙有斜削痕迹。碗心所饰纹样未能辨识。胎色浅灰，胎质粗疏。釉色青灰，玻璃质感较强，有开片，足内底不施釉。底足有泥饼痕迹。

20 保 Y9：15，口沿及上腹均残，残高 4、足径 6.4 厘米。圈足外墙斜削一圈，足内底边缘旋削一圈，有修足痕迹。内壁有多组曲线纹与篦纹组合；内底饰旋纹一圈，旋纹内有花卉纹。胎色浅灰，胎质较粗。釉色青黄，

有玻璃质感，有开片，足内底不施釉。底足粘有泥饼。（彩版六：4）

20 保 Y9：16，口沿及上腹均残，残高 3.1、足径 6.6 厘米。弧腹，圈足外墙斜削一圈，足内底边缘旋削一圈。内壁有两组曲线纹与篦纹组合；内底有旋纹一圈，旋纹内饰莲纹。胎色浅灰，胎质粗疏。釉色青绿，玻璃质感较强，有开片，足内底不施釉。底足有泥饼痕迹。

20 保 Y9：17，口沿及上腹均残，残高 4、足径 7.4 厘米。弧腹，圈足外墙斜削一圈，足内底边缘旋削一圈。内壁有两组曲线纹与篦纹组合；内底饰旋纹一圈，旋纹内刻梅花纹样；外壁近足处刻有旋纹两道。胎色浅灰，胎质粗疏。釉色青绿，有开片，足内底不施釉。底足有泥饼痕迹。

20 保 Y9：18，口沿及上腹均残，残高 4.4、足径 7 厘米。圈足外墙斜削一圈，足内底边缘旋削一圈。碗内底饰旋纹一圈，旋纹内有一株双朵葵花纹，茎右侧刻有"大"字痕迹；外壁近足处饰有旋纹一道。胎色浅灰，胎质粗疏。釉色淡青，足内底不施釉。底足有泥饼痕迹。

20 保 Y9：19，口沿及上腹均残，残高 2.8、足径 7 厘米。圈足外墙斜削一圈，足内底边缘旋削一圈。内壁有曲线纹多道，内底饰花卉纹，外壁近足处饰有旋纹一道。灰胎，胎质粗疏。釉色青绿，有开片，足内底不施釉。底足有泥饼痕迹。

20 保 Y9：20，仅余部分下腹与足，残高 3.6、足径 6 厘米。圈足外墙斜削一圈，足内底边缘旋削一圈。内壁有曲线纹与篦纹组合；内底有旋纹一圈，旋纹内有莲纹；外壁近口沿处有旋纹三道。灰胎，胎质粗疏，有气孔。釉色青绿，玻璃质感较强，有开片，足内底不施釉。底足有泥饼痕迹。

20 保 Y9：21，口沿及上腹残，残高 5.6、足径 6.4 厘米。弧腹微垂，圈足外墙斜削一圈，足内底边缘旋削一圈。内壁有曲线纹与篦纹组合；内底饰旋纹一圈，旋纹内莲花纹不清晰；外壁近足处刻有旋纹两道及环绕圈足的三线莲瓣纹。胎色浅灰，胎质较细。釉色青黄，有开片，足内底不施釉。底足粘有泥饼。

20 保 Y9：22，仅余部分腹与足，残高 4.2、足径 7.8 厘米。弧腹，圈足外墙斜削一圈，足内底边缘旋削一圈。内壁有曲线纹多道；内底饰旋纹一圈，旋纹内有莲花纹；外壁近足处刻有旋纹一道及环绕圈足的双线莲瓣纹。胎色灰，胎质较粗。釉色青绿，有玻璃质感，有开片，足内底不施釉。底足有泥饼痕迹。（彩版六：5）

20 保 Y9：23，口沿及上腹均残，残高 6、足径 7 厘米。弧腹，圈足外墙斜削一圈，足内底边缘旋削一圈。内壁有多道曲线纹，内底所饰莲花纹不清晰；外壁近足处刻有旋纹两道及环绕圈足的三线莲瓣纹。胎色浅灰，胎质粗疏。釉色青绿，有玻璃质感，开片，足内底不施釉。底足粘有泥饼。（图 2-3：3；彩版七：1）

20 保 Y9：37，仅余部分下腹与底足，残高 5.4、足径 7.4 厘米。弧腹，圈足外墙斜削一圈，足内底边缘旋削一圈。内壁有刻划纹样，外壁装饰旋纹两道及环绕圈足的三线莲瓣纹。胎色浅灰，胎质较粗。釉色青绿，足内底不施釉。底足有泥饼痕迹。

20 保 Y9：38，仅余部分腹与足，残高 3、足径 7.2 厘米。弧腹，圈足外墙斜削一圈。碗内底装饰旋纹一圈，旋纹内饰梅花纹。胎色灰。釉色青绿，足内底不施釉。圈足内粘有泥饼。

20 保 Y10：4，口沿及上腹残，残高 6.5、足径 7.6 厘米。垂腹，圈足外墙斜削一圈，足内底边缘旋削一圈。内壁有多组曲线纹与篦纹组合，内底饰有旋纹一圈。灰胎，胎质较细。釉色青绿，足内底不施釉。底足有泥饼痕迹。（图 2-3：4）

20 保 Y10：5，口沿及上腹残，留有部分口沿，高 8、口径 19.2、足径 7.2 厘米。侈口，弧腹微垂，圈足外墙斜削一圈，足内底边缘旋削一圈。内壁有多组曲线纹与篦纹组合，内底饰有旋纹一圈。灰胎，胎质较粗。釉色青绿，有细密开片，足内底不施釉。底足粘有泥饼，外壁近足处粘有匣钵残块。（图 2-3：5）

20 保 Y10：6，口沿及上腹残，留有部分口沿，高 7.2、口径 17.1、足径 6.4 厘米。侈口，弧腹微垂，圈足外墙斜削一圈，足内底边缘旋削一圈。生烧，胎色偏红，胎质较粗。足内底不施釉。圈足内有泥饼痕迹。（图 2-3：6）

20 保 Y10：9，口沿及上腹残，残高 6.3、足径 7.8 厘米，弧腹微垂，圈足外墙有斜削痕迹，足内底边缘旋削一圈。碗内底装饰旋纹一圈，旋纹内模印牡丹纹。灰胎，胎质较粗。釉色黄绿，足内底不施釉。圈足内有泥饼痕迹。

20 保 Y10∶10，口沿及上腹残，残高 4.2、足径 8.2 厘米。弧腹，圈足外墙有斜削痕迹，足内底边缘旋削一圈。碗内底装饰旋纹一圈，旋纹内饰莲花纹。灰胎，胎质较粗。釉色青黄，玻璃质感强，有开片，足内底不施釉。圈足内有泥饼痕迹。

20 保 Y10∶11，口沿及上腹残，残高 4.5、足径 6.5 厘米，弧腹，圈足外墙有斜削痕迹，足内底边缘旋削一圈。碗内底装饰旋纹一圈，旋纹内饰莲花纹。灰胎，胎质较粗。釉色青绿，足内底不施釉。圈足内粘有泥饼。

20 保 Y10∶12，口沿及上腹残，留有部分口沿，有变形，高 8.1、口径 15.6、足径 7.2 厘米。唇口，弧腹，圈足外墙斜削一圈，足内底边缘旋削一圈。碗内底饰有旋纹一圈，旋纹内饰有莲纹。灰胎，胎质较粗。釉色青绿，足内底不施釉。底足有泥饼痕迹。（图 2-4∶1）

20 保 Y10∶13，口沿及上腹均残，残高 3.7、足径 6.6 厘米。弧腹，圈足外墙斜削一圈，足内底边缘有旋削痕迹。碗内底装饰旋纹一圈，旋纹内饰有莲花纹。灰胎，胎质粗疏。釉色青绿，足内底不施釉。底足粘有泥饼。

20 保 Y10∶14，口沿及上腹残，留有部分口沿，高 6.2、口径 17.6、足径 6.5 厘米。侈口，弧腹微垂，圈足外墙有斜削痕迹，足内底边缘旋削一圈。内壁有多组曲线纹与篦纹组合，内底所印花卉不清晰。胎色浅灰，胎质较粗。釉色青绿，足内底不施釉。圈足内有泥饼痕迹。（图 2-4∶2）

20 保 Y10∶15，仅余部分下腹与足，残高 3.5、足径 6.5 厘米。圈足外墙有斜削痕迹，足内底边缘旋削一圈。碗内底装饰旋纹一圈，旋纹内饰有莲花纹。浅灰胎，胎质较粗。釉色浅青，足内底不施釉。底足粘有泥饼。

20 保 Y10∶16，口沿及上腹均残，残高 2.5、足径 6.5 厘米。圈足外墙有斜削痕迹，足内底边缘旋削一圈。内壁有多组曲线纹与篦纹组合；内底饰双线旋纹一圈，旋纹内饰牡丹纹样。胎色灰，胎质较粗。釉色青黄，玻璃质感强，足内底不施釉。底足有泥饼痕迹。（彩版八∶1）

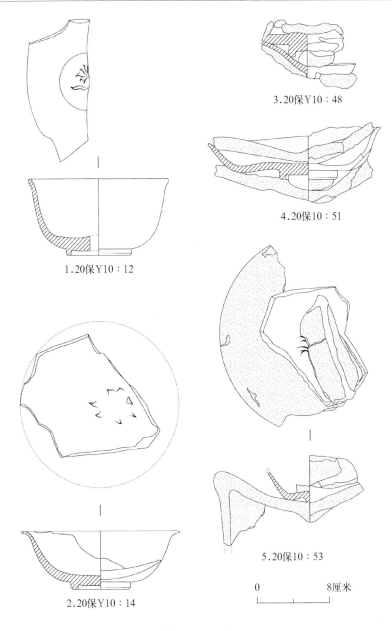

3. 20保Y10∶48

4. 20保10∶51

1. 20保Y10∶12

5. 20保10∶53

2. 20保Y10∶14

0 　　　　8厘米

图2-4　C型碗

1～5.Ca型Ⅰ式

20 保 Y10：17，口沿及上腹均残，残高 3.5、足径 7.2 厘米。弧腹，圈足外墙斜削一圈，足内底边缘旋削一圈。碗内底装饰旋纹一圈，旋纹内刻牡丹纹。生烧，胎色偏黄，胎质较粗。底足有泥饼痕迹。

20 保 Y10：18，仅余部分下腹与足，残高 3.5、足径 7 厘米。弧腹，圈足外墙有斜削痕迹，足内底边缘旋削一圈。内壁近底处有曲线纹；内底装饰旋纹一圈，旋纹内饰有莲花纹。胎色浅灰，胎质较粗。釉色青灰，有玻璃质感，足内底不施釉。底足有泥饼痕迹，外壁近足处粘连匣钵残块。

20 保 Y10：19，口沿及上腹均残，残高 6、足径 6.6 厘米。弧腹，圈足外墙斜削一圈，足内底边缘旋削一圈。碗内底装饰旋纹一圈，旋纹内饰有莲纹。灰胎，胎质较粗。釉色青绿，玻璃质感强，足内底不施釉。底足粘有泥饼残块，内外壁均粘有匣钵残块。

20 保 Y10：20，口沿及上腹均残，残高 2.3、足径 6.4 厘米。圈足外墙有斜削痕迹，足内底边缘旋削一圈。碗内底饰旋纹一圈，旋纹内饰有菊花纹。灰胎，胎质较细。釉色青黄，足内底不施釉。底足有泥饼痕迹。

20 保 Y10：21，仅余部分下腹与足，残高 2.5、足径 6.2 厘米。斜弧腹，圈足外墙斜削一圈，足内底边缘有旋削痕迹。碗内底装饰旋纹一圈，旋纹内饰有梅花纹。灰胎，胎质较粗。釉色青灰，圈足不施釉。底足有泥饼痕迹，碗内底有两个泥点痕迹。

20 保 Y10：22，口沿及上腹残，严重变形，口沿与内底粘连，足径 6.2 厘米。圈足外墙有斜削痕迹，足内底边缘旋削一圈。碗内底装饰旋纹一圈，旋纹内饰有菊花纹。灰胎，夹细砂。釉色青绿，足内底不施釉。圈足粘有泥饼残块。

20 保 Y10：23，口沿及腹残，有变形，残高 3.5、足径 6.3 厘米。圈足外墙斜削一圈，足内底边缘有旋削痕迹。碗心刻有莲纹。灰胎，胎质粗疏。釉色青绿，足内底不施釉。底足粘有泥饼残块。

20 保 Y10：25，仅余部分下腹与足，残高 2.3、足径 7 厘米。下腹部与碗底厚度大致相同，圈足外墙有斜削痕迹，足内底边缘旋削一圈。碗内底饰旋纹一圈，旋纹内模印花草纹。浅灰胎，胎质较细。釉色浅青，足内底不施釉。底足有泥饼痕迹。

20 保 Y10：26，口沿及上腹残，留有部分口沿，严重变形。残高 3、足径 6.4 厘米。圈足外墙有斜削痕迹。内壁刻划有数组曲线纹和篦划纹组合；内底装饰旋纹一圈，旋纹内印有葵花纹。灰胎，胎质较粗。釉色浅青，足内底不施釉。底足粘有泥饼，内外壁均粘有匣钵残块。（彩版七：2）

20 保 Y10：27，口沿及上腹均残，残高 2、足径 6 厘米。圈足外墙有斜削痕迹，足内底边缘旋削一圈。碗内底装饰旋纹一圈，旋纹内有牡丹纹样。浅灰胎，胎质较粗。釉色青黄，有玻璃质感，足内底不施釉。底足粘有泥饼。

20 保 Y10：28，仅余部分腹与足，残高 4、足径 7.6 厘米。圈足外墙有斜削痕迹，足内底边缘旋削一圈。碗内底装饰旋纹一圈，旋纹内有牡丹纹样。浅灰胎，胎质较粗。釉色青灰，有开片，足内底不施釉。底足有泥饼痕迹。

20 保 Y10：29，仅余部分腹与足，残高 4.5、足径 7 厘米。弧腹，圈足外墙有斜削痕迹，足内底边缘旋削一圈。内壁刻划数组曲线纹和篦纹组合；内底装饰旋纹一圈，旋纹内印莲花纹样。胎色灰，胎质较细。釉色青黄，足内底不施釉。底足有泥饼残块。（彩版七：3）

20 保 Y10：30，口沿及上腹残，残高 3、足径 7.2 厘米。圈足外墙有斜削痕迹，足内底边缘有多道旋削痕迹。碗内底饰有旋纹一圈，旋纹内印有单株双头葵花纹。灰胎，胎质较粗。釉色青黄，有玻璃质感。底足有泥饼痕迹。（彩版八：2）

20 保 Y10：31，口沿及腹残，残高 4.2、足径 6.2 厘米。弧腹，圈足外墙斜削一圈，足内底边缘有旋削痕迹。碗内底装饰旋纹一圈，旋纹内刻莲纹。灰胎，胎质疏松较粗。釉色青灰。底足粘有泥饼。（彩版八：3）

20 保 Y10：32，仅余部分下腹与足，残高 4.5、足径 7.2 厘米。弧腹，圈足外墙有斜削痕迹，足内底边缘旋削一圈。碗内底印有莲花纹。灰胎，胎质较粗。釉色青黄，足内底不施釉。底足有泥饼痕迹。

20 保 Y10：33，口沿及上腹均残，残高 2.2、足径 7.8 厘米。圈足外墙有斜削痕迹，足内底边缘旋削一圈。碗内底装饰旋纹一圈，旋纹内饰莲纹。灰胎，胎质较粗。釉色青，足内底不施釉。底足有泥饼痕迹。（彩版八：4）

20 保 Y10：34，口沿及上腹均残，残高 4.2、足径 7.6 厘米。弧腹，圈足外墙斜削一圈，足内底边缘旋削一圈。内壁刻划有数组曲线纹和篦纹组合，内底所饰莲纹不清晰，外壁刻有旋纹两圈。灰胎，胎质较粗。釉色青黄，有玻璃质感，足内底不施釉。底足有泥饼痕迹。

20 保 Y10：35，口沿及上腹均残，有变形，残高 5.5 厘米。碗内底饰有莲花纹。胎色浅灰，胎质粗疏。釉色青绿，玻璃质感强，足内底不施釉。碗底部与匣钵粘连。

20 保 Y10：36，口沿及上腹均残，残高 2、足径 6.4 厘米。圈足外墙有斜削痕迹，足内底边缘旋削一圈。碗心装饰牡丹纹。灰胎，胎质较粗。釉色青灰，足内底不施釉。底足有泥饼痕迹。

20 保 Y10：37，仅余部分下腹与足，裂为两块，残高 3、足径 8 厘米。圈足挖足较深，下腹部与碗底厚度大致相同，足外墙斜削一圈，足内底边缘有旋削痕迹。碗内底饰旋纹一圈。胎色浅灰，胎质较细。釉色浅青，足内底不施釉。底足有泥饼痕迹。

20 保 Y10：38，仅余部分下腹与足，残高 1.5、足径 7.8 厘米。圈足挖足较深，下腹部与碗底厚度大致相同，足外墙有斜削痕迹，足内底边缘有旋削痕迹。碗内底装饰旋纹一圈。灰胎，胎质较粗。釉色浅青，足内底不施釉。圈足内有泥饼痕迹。

20 保 Y10：43，仅余部分下腹与足，残高 3、足径 6 厘米。圈足外墙有斜削痕迹，足内底边旋削一圈。碗内底装饰旋纹一圈。灰胎，胎质较粗。釉色青黄，足内底不施釉。底足有泥饼痕迹。

20 保 Y10：48，两件叠烧，均仅余部分下腹与足，严重变形，通高 5.3 厘米。圈足外墙斜削一圈，足内底边缘有旋削痕迹。灰胎，胎质较粗。釉色青绿，足内底不施釉。圈足内均粘有泥饼，碗壁粘连匣钵残块。（图 2-4：3）

20 保 Y10：51，口沿及上腹残，留有部分口沿，严重变形，高 5.5 厘米。侈口，弧腹，圈足外墙斜削一圈。胎色灰，釉色青绿，足内底不施釉。圈足

内粘有泥饼，碗壁粘连匣钵残件。（图2-4：4）

20保Y10：53，口沿及上腹残，留有部分口沿，内外壁均与M形匣钵粘连，严重变形，高约3厘米。弧腹。碗内底装饰旋纹一圈，旋纹内所饰花卉纹未能辨识。灰胎，胎质较粗。釉色青绿。（图2-4：5；彩版九：1）

20保Y11：9，口沿及上腹残，残高5、足径6厘米。圈足外墙斜削一圈，足内底边缘有旋削痕迹。碗内底装饰旋纹一圈。浅灰胎。釉色青绿，足端与足内底不施釉。圈足内有泥饼痕迹。（图2-5：1）

20保Y11：10，仅余部分下腹与足，残高4.5厘米。弧腹微垂，圈足挖足略深，下腹部与碗底厚度大致相同，足外墙斜削一圈，足内底边缘有旋削痕迹。内壁近底处有曲线纹与篦纹组合，内底装饰旋纹一圈。浅灰胎，胎质较细。青釉，足内底刮釉。

20保Y11：13，口沿及上腹均残，残高3.8、足径5厘米。腹部有塌烧现象，圈足外墙有斜削痕迹，足内底边缘有旋削痕迹。碗内底装饰旋纹一圈，旋纹内所饰莲纹不清晰。浅灰胎，胎质较粗。釉色青绿，玻璃质感强，有细小开片，足端不施釉。圈足内粘有泥饼，外壁粘连匣钵残块。（图2-5：2）

20保Y11：17，仅余部分下腹与足，残高2.5、足径4.9厘米。弧腹，圈足外墙有斜削痕迹，足内底边缘有旋削痕迹。碗内底装饰旋纹一圈。胎色灰，胎质粗疏。釉色青黄，有玻璃质感，施釉不均匀，有细碎开片，足内底不施釉。圈足内有泥饼痕迹。（图2-5：3）

20保Y11：18，口沿及上腹均残，残高4.3、足径6.4厘米。弧腹，圈足外墙斜削一圈，足内底边缘有旋削痕迹。碗内底装饰旋纹一圈，旋纹内所饰花卉纹样不清晰。深灰胎。釉色青灰，足内底不施釉。圈足内有泥饼痕迹。

20保Y11：20，两件叠烧，口沿及上腹残，通高7.1、足径7.2厘米。侈口，弧腹，腹部有塌烧现象，圈足足径较宽，足外墙斜削一圈，足内底边缘旋削一圈。内壁近口沿处及内底处各装饰旋纹一圈。灰胎，胎质粗疏，含有大量夹砂颗粒及小气孔。釉色青，玻璃质感强，足端不施釉。碗底粘有泥饼残块，器物间以泥点间隔。（图2-5：4）

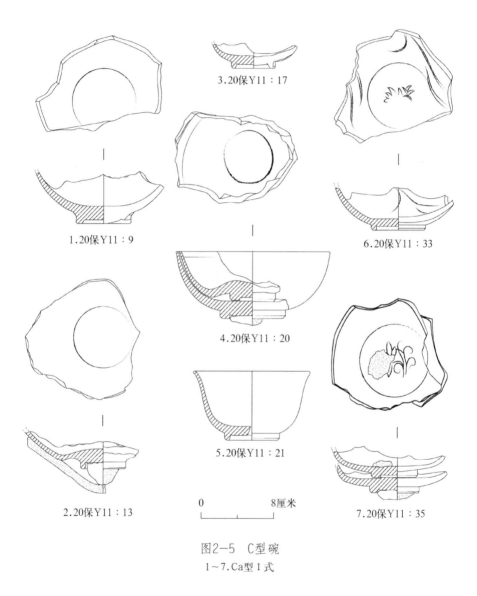

3.20保Y11：17

1.20保Y11：9

6.20保Y11：33

4.20保Y11：20

5.20保Y11：21

2.20保Y11：13

0　　　　　　　　8厘米

7.20保Y11：35

图2—5　C型碗

1~7.Ca型Ⅰ式

20保Y11：21，仅余部分口沿、腹与足，高7.5、口径12.8厘米。侈口，弧腹，圈足外墙有斜削痕迹，足内底边缘有旋削痕迹。内壁近口沿处及内底处各装饰旋纹一圈。胎色浅灰，胎质粗疏。釉色青，足内底不施釉。（图2—5：5）

20 保 Y11：22，口沿及上腹均残，残高 2.5、足径 6.2 厘米。腹部有塌烧现象，圈足外墙斜削一圈，足内底边缘有旋削痕迹。碗内底装饰旋纹一圈。灰胎，胎质较粗。釉色青绿，足内底不施釉。圈足内残留泥饼痕迹。

20 保 Y11：23，口沿及上腹部均残，残高 3.6、足径 6.4 厘米。弧腹，圈足外墙斜削一圈，足内底边缘有旋削痕迹。碗内底装饰旋纹一圈，旋纹内饰莲纹。胎色灰白，胎质较粗。釉色青绿，足内底不施釉。圈足内有泥饼痕迹。

20 保 Y11：24，口沿及上腹部均残，残高 2.2、足径 5.8 厘米。圈足外墙斜削一圈，足内墙有旋削痕迹。碗内底装饰旋纹一圈，旋纹内刻划莲纹。胎色灰白，胎质粗疏，杂质较多。釉色青灰，圈足无釉。足端留有泥点间隔痕迹。

20 保 Y11：25，仅余部分下腹与底足，残高 3、底径 6.1 厘米。弧腹，圈足外墙斜削一圈，足内底边缘有旋削痕迹。碗内底装饰旋纹一圈，旋纹内刻有牡丹纹。灰胎，胎质较粗。釉色青绿，有玻璃质感，足内底不施釉。底足粘有泥饼。

20 保 Y11：26，仅余部分下腹与底足，有变形，残高 1.8、足径 6.4 厘米。圈足外墙斜削一圈，足内底边缘旋削一圈。碗内底刻有旋纹一圈，旋纹内饰有牡丹纹。灰胎，胎质较粗。釉色青绿，足内底不施釉。底足有泥饼痕迹。

20 保 Y11：27，仅余部分底足，残高 1.8、足径 6.5 厘米。圈足外墙斜削一圈，足内底边缘有旋削痕迹。碗内底装饰旋纹一圈，旋纹内刻划莲纹和"天"字。灰胎，胎质较粗。釉色青绿，足内底不施釉。圈足内有泥饼痕迹。

20 保 Y11：28，仅余部分下腹与足，残高 1.8、足径 6.4 厘米。圈足外墙斜削一圈，足内底边缘有旋削痕迹。碗内底饰双重旋纹一道，旋纹内饰菊花纹。灰胎，胎质较粗。釉色青绿，足内底不施釉。圈足内有泥饼痕迹。

20 保 Y11：29，口沿及上腹均残，残高 4、足径 6.8 厘米。弧腹，圈足外墙斜削一圈，足内底边缘旋削一圈。内壁刻划数组曲线纹与篦纹组合；内底装饰旋纹一圈，旋纹内印有菊花纹。灰胎，胎质较粗。釉色青绿，有较强玻璃质感，足内底不施釉。圈足内有泥饼痕迹。（彩版八：5）

20 保 Y11：30，仅余部分下腹与足，有变形，残高 2.7、足径 7.2 厘米。圈足外墙斜削一圈，足内底边缘有旋削痕迹。碗内底装饰旋纹一圈，旋纹内所饰花卉纹样不清晰。灰胎，胎质较粗。釉色青绿，玻璃质感较强，足内底不施釉。圈足内粘有泥饼。

20 保 Y11：31，口沿及上腹均残，残高 2.8、足径 7 厘米。弧腹，圈足外墙斜削一圈，足内底边缘有旋削痕迹。碗内底饰双重旋纹，旋纹内模印葵花纹样。灰胎。釉色青绿，足内底不施釉。圈足内粘有泥饼。

20 保 Y11：32，仅余部分口沿及圈足，高 7、口径 16、足径 7.2 厘米。侈口，弧腹，圈足外墙斜削一圈，足内底边缘有旋削痕迹。碗内底装饰旋纹一圈，旋纹内饰有葵花纹；外壁近足处刻有双重旋纹一道。灰胎，胎质较粗。釉色青，足内底不施釉。圈足内有泥饼痕迹。

20 保 Y11：33，口沿及上腹均残，残高 4.4、足径 6 厘米。弧腹，圈足外墙有斜削痕迹，足内底边缘旋削一圈。内壁近底处刻划曲线纹样多组；内底装饰旋纹一圈，旋纹内所饰花卉纹样不清晰。胎色灰，胎质较粗。釉色青，足内底不施釉。圈足内有泥饼痕迹。（图 2-5：6）

20 保 Y11：34，口沿及上腹残，残高 3.2、足径 6.4 厘米。弧腹，圈足外墙斜削一圈，足内底边缘旋削一圈。碗内底刻有旋纹一圈，旋纹内印有梅纹。灰胎，胎质较粗。釉色青绿，圈足不施釉。圈足内有泥饼痕迹，碗内底有三个泥点痕迹。（彩版九：2）

20 保 Y11：35，两件叠烧，口沿与上腹均残，通高 4.8、足径 5.5 厘米。弧腹，圈足外墙斜削一圈，足内底边缘旋修一圈。碗内底装饰旋纹一圈，旋纹内所饰花卉纹样不清晰。灰胎，胎质粗疏。釉色青灰，施釉不及底。下边一件圈足内粘有泥饼，器物间以泥点间隔。（图 2-5：7；彩版九：3）

20 保 Y11：36，仅余部分下腹与足，残高 2.2、足径 6.5 厘米，弧腹，圈足外墙有斜削痕迹，足内底边缘有旋削痕迹。碗内底装饰旋纹一圈，旋纹内刻有莲纹。灰胎，胎质较粗。釉色青灰，足内底不施釉。圈足内有泥饼痕迹。

20 保 Y11：37，仅余部分腹与足，残高 2.9、足径 8 厘米。弧腹，圈足外墙斜削一圈，足内底边缘有旋削痕迹。碗内底装饰旋纹一圈，旋纹内刻划牡丹纹。灰胎，胎质较粗。釉色青绿，玻璃质感强，足内底不施釉。圈足内有泥饼痕迹。

20保Y11：38，口沿及上腹残，残高5、足径7.4厘米。弧腹，圈足外墙斜削一圈，足内底边缘旋削一圈。碗内底装饰旋纹一圈，旋纹内所刻花卉纹不清晰。灰胎，胎质较粗。釉色青绿，玻璃质感强，足内底不施釉。圈足内有泥饼痕迹，内外壁均粘有匣钵残块。

20保Y11：39，仅余部分腹与足，残高2、足径6厘米。圈足外墙斜削一圈，足内底边缘有旋削痕迹。碗心刻有"鹿衔草"纹。灰胎，胎质较粗。釉色青灰，圈足不施釉。圈足内有泥饼痕迹。（彩版九：4）

20保Y11：40，仅余部分腹与足，残高1.8、足径6厘米。圈足外墙斜削一圈，足内底边缘旋削一圈。碗内底饰有旋纹一圈，旋纹内印有梅纹。灰胎，胎质粗疏。釉色青绿，足内底不施釉。圈足内有泥饼痕迹，碗内底有三个泥点痕迹。

20保Y11：41，仅余部分腹与足，残高2.8、足径6.4厘米。圈足外墙有斜削痕迹。内底装饰旋纹一圈，旋纹内刻有莲纹；外壁近足处饰有旋纹一圈。灰胎，胎质较粗。釉色青绿，足内底不施釉。底足有泥饼痕迹，碗内底有泥点痕迹。

20保Y11：42，仅余部分腹与足，有变形，残高2、足径7厘米。圈足内底边缘旋削一圈。碗心饰有花草纹样。胎色浅灰，胎质较粗。釉色淡青，足内底不施釉。圈足内有泥饼痕迹。（彩版一○：1）

20保Y11：43，仅余部分腹与足，残高2.2、足径7厘米。弧腹，圈足外墙有斜削痕迹，足内底边缘有旋削痕迹。内壁近底处刻划曲线纹，内底刻有旋纹一圈。胎色灰，胎质较粗。釉色青，有开片，足内底不施釉。圈足内有泥饼痕迹。

20保Y11：44，仅余部分腹与足，残高2、足径8.8厘米。弧腹，圈足挖足较深，下腹部与碗底厚度大致相同，足外墙有斜削痕迹，足内底有旋削痕迹。碗内底装饰旋纹一圈。胎色浅灰，胎质较粗。釉色淡青。

20保Y11：45、46，为同一片断开，仅余底足，残高1.6、足径6.8厘米。

圈足外墙斜削一圈，足内底边缘旋削一圈。碗内底装饰旋纹一圈。胎色灰，胎质较粗。釉色青，足内底刮釉。圈足内有泥饼痕迹。

20保 Y11：47，仅余部分腹与足，残高2.2、足径7.2厘米。圈足外墙有斜削痕迹，足内底边缘有旋削痕迹。碗内底装饰旋纹一圈，旋纹内刻有花卉纹样。灰胎，胎质较粗。釉色青绿，足内底不施釉。

20保 Y11：74，两件叠烧，口沿与腹部残，留有部分口沿，严重变形，通高6.5、口径17.5、足径6厘米。侈口，弧腹，圈足外墙斜削一圈，足内底边缘旋削一圈。内壁近口沿处及内底各装饰旋纹一圈。灰胎。釉色青。上边一件碗的内底及下边一件碗的外壁粘有大片匣钵，下边一件碗粘有泥饼，器物间以泥点间隔。（图 2-6：1）

20保 Y11：76，口沿及腹部残，残高3、足径6.3厘米。下腹略弧，圈足外墙斜削一圈，足内底边缘旋削一圈。碗内底装饰旋纹一圈，旋纹内有银锭杂宝纹。胎色灰，胎质较粗。釉色青，足端及足内底不施釉。圈足内有泥饼痕迹。

20保 Y11：78，仅余部分腹与足，残高5.2、足径7.5厘米。弧腹，圈足挖足较深，下腹部与碗底厚度大致相同，足外墙斜削一圈，足内底边缘旋削一圈。内壁刻划数组曲线与篦纹组合，内底装饰旋纹一圈。灰胎，胎质较粗。釉色淡青，足内底不施釉。圈足内有泥饼痕迹。（图 2-6：2）

20保 Y11：82，仅余部分腹与足，残高5、足径6.5厘米。弧腹，圈足外墙斜削一圈。内腹与内底交界处旋修一圈，内底呈微微凸起状。碗心所饰纹样未能辨识。灰胎，胎质较粗。釉色青灰，足端及足内底不施釉。圈足内粘有泥饼。（图 2-6：3）

20保 Y12：3，口沿及腹部残，留有部分口沿，高5.9、口径17、足径5.8厘米。侈口，弧腹，圈足外墙斜削一圈，足内底边缘旋削一圈。碗心装饰旋纹一圈，旋纹内所刻牡丹纹不清晰。灰胎，胎质较粗，内含较多黑色颗粒和细小气孔。釉色青绿，足内底不施釉。圈足内粘有泥饼残块。（图 2-6：4）

20保 Y12：4，仅余部分腹与足，残高4.3、足径7.6厘米。弧腹，圈足外墙斜削一圈，足内底边缘旋削一圈。碗内底装饰旋纹一圈，旋纹内刻有银

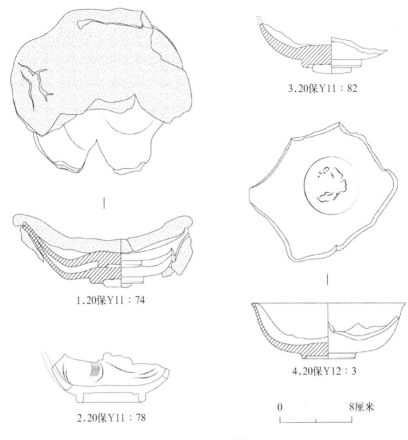

图2-6　C型碗
1~4.Ca型Ⅰ式

锭与莲纹组合。灰胎，胎质较粗。釉色青绿，足内底不施釉。圈足内粘有泥饼残块。

　　20 保 Y12∶5，口沿与上腹残，仅余部分腹与足，残高 2.7、足径 7.2 厘米。下腹斜弧，圈足外墙斜削一圈，足内底边缘旋削一圈。碗内底装饰旋纹一圈，旋纹内装饰八思巴文。深灰胎，胎质较粗，内含较多气孔。釉色青灰，有缩釉现象。圈足内粘有泥饼。

　　20 保 Y12∶6，仅余部分腹与足，残高 2.2、足径 6 厘米。腹部有塌烧现象，圈足外墙斜削一圈。碗心装饰花草纹。灰胎，含有较多黑色砂粒。釉色青。圈足内粘有泥饼，碗内底粘有匣钵残块。

——Ⅱ式，107件。足端平直，即足外墙不见斜削痕迹。选取标本15件。

20 保 Y2：10，口沿与上腹残，残高 6.6、足径 6.8 厘米。侈口，弧腹。碗内底装饰旋纹一圈，旋纹内所饰纹样不清晰。胎色浅灰，胎质较粗。釉色青灰。圈足内粘有泥饼。（图 2-7：1）

20 保 Y3：6，口沿及上腹残，残高 5.1、足径 6 厘米。弧腹微垂，圈足内墙斜削一圈。内壁近底处旋修一圈，内底呈微微凸起状。碗心所饰字样不清晰。灰褐胎，内含细小黑色颗粒。釉色青黄，足端及足内底不施釉。

20 保 Y3：7，口沿及腹均残，残高 2.4、足径 6.5 厘米。碗心所饰纹样不清晰。灰胎。釉色青白，足端及足内底不施釉。

20 保 Y3：8，口沿与上腹均残，残高 6、足径 6.3 厘米。弧腹。外腹有明显拉坯痕迹。碗内底装饰旋纹一圈，旋纹内所饰纹样未能辨识。生烧，胎色红褐，内含较多杂质。有缩釉现象，足端及足内底不施釉。（图 2-7：2）

20 保 Y3：9，口沿与上腹均残，残高 3、足径 6.7 厘米。弧腹，圈足内底边缘旋削一圈。碗内底装饰旋纹一圈，旋纹内装饰"鹿衔草"纹。灰胎，胎质较粗，内含较多细小黑色颗粒。釉色青灰，足端及足内底不施釉。底足有泥饼痕迹。

20 保 Y3：10，仅余部分腹与足，残高 6.4、足径 7.2 厘米。弧腹。碗内底装饰旋纹一圈。灰胎，内含较多黑色砂粒及细小气孔。釉色青，有缩釉现象，足端及足内底不施釉。底足有泥饼痕迹。

20 保 Y4：5，仅余部分下腹与足，残高 5、足径 6 厘米。弧腹。碗内底刻有旋纹一圈，旋纹内刻有花卉纹；外壁近足处刻有旋纹一圈。灰胎，胎质粗疏。釉色黄绿，足端与足内底不施釉。底足有泥饼痕迹。

20 保 Y4：6，仅余部分下腹与足，残高 3.5、足径 6.2 厘米。碗内底刻有旋纹一圈，旋纹内刻有花卉纹。灰胎，胎质较粗。釉色青黄，足端与足内底不施釉。底足有泥饼痕迹。

20 保 Y4：7，仅余部分下腹与足，残高 3.8、足径 6 厘米。圈足内墙斜

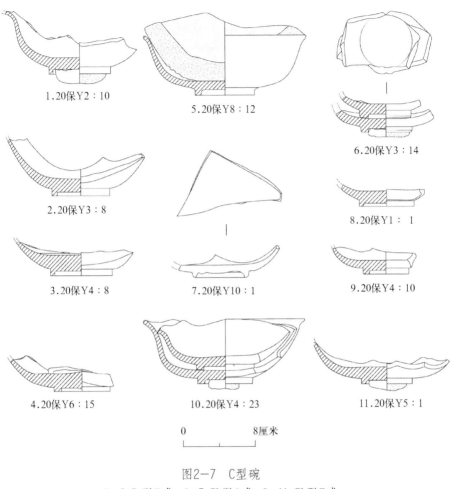

1. 20保Y2：10

5. 20保Y8：12

6. 20保Y3：14

2. 20保Y3：8

8. 20保Y1：1

3. 20保Y4：8

7. 20保Y10：1

9. 20保Y4：10

4. 20保Y6：15

10. 20保Y4：23

11. 20保Y5：1

0　　　　　　8厘米

图2-7　C型碗

1～5.Ca型Ⅱ式　6、7.Cb型Ⅰ式　8～11.Cb型Ⅱ式

削一圈。内壁近底处刻有旋纹一圈，旋纹内刻有花卉纹。灰胎，胎质较粗。釉色青绿，足端与足内底不施釉。底足有泥饼痕迹。

20保Y4：8，口沿及上腹均残，残高3.5、足径6.8厘米。弧腹。碗内底刻有旋纹一圈，旋纹内刻有莲纹。灰胎，胎质粗疏。釉色青绿，有玻璃质感，足端与足内底不施釉。底足有泥饼痕迹。（图2-7：3；彩版一〇：2）

20保Y5：8，底足残片，残高2.6、足径5.7厘米。圈足内底边缘旋削一圈。碗内底装饰旋纹一圈，内刻十字杂宝纹样。灰胎，夹有细小黑色颗粒。釉色青，足端及足内底不施釉。圈足内粘有泥饼。

20 保 Y6：14，仅余部分下腹与足，残高 2.5 厘米。下腹斜弧，挖足较深。内壁近底处刻有一组曲线纹与篦纹组合，内腹与内底分界处刻有旋纹一圈，外壁近足处刻有密集竖纹。胎色灰，胎质较粗。釉色浅青，足端与足内底不施釉。

20 保 Y6：15，口沿及上腹均残，残高 3.8、足径 6.3 厘米。弧腹。碗内底刻有旋纹一圈，旋纹内刻有"贵"字样。胎色灰，胎质粗疏。釉色青绿，施釉不及底。底足有泥饼痕迹，碗内底有三个泥点痕迹。（图 2-7：4；彩版一〇：3）

20 保 Y6：16，口沿及上腹残，留有部分口沿，高 6、口径 22、足径 5.5 厘米。侈口，弧腹，圈足挖足较浅，足内底边缘旋削一圈。胎色灰，胎质较粗。釉色青绿，碗内底中心圆形区域釉色较浅，有二次上釉痕迹，足端与足内底不施釉。底足粘有泥饼。

20 保 Y8：12，口沿及腹残，留有部分口沿，高 6.3、口径 18、足径 6.5 厘米。侈口，弧腹。灰胎，胎质较粗。釉色青，足端及足内底不施釉。底足粘有泥饼，碗外壁及内底均粘有匣钵残块。（图 2-7：5；彩版一〇：4）

**Cb 型**　206 件。留有涩圈、涩饼状的叠烧痕迹。以足端形态再分二式。

——Ⅰ式，33 件。足端圆弧。选取标本 14 件。

20 保 Y3：11，仅余部分下腹与足，残高 2.6、足径 5.4 厘米。弧腹，圈足内外墙均斜削一圈。碗内底有刮釉形成的涩饼，涩饼区域内装饰多重菊瓣纹。胎色灰褐。釉色淡青黄，足端及足内底不施釉。

20 保 Y3：12，仅余部分腹与足，残高 3.2、足径 5.6 厘米。弧腹，圈足外墙斜削一圈。生烧，灰胎。釉色青黄，足端及足内底不施釉。碗内底有刮釉形成的涩圈。

20 保 Y3：13，口沿与腹均残，残高 2.4、足径 6 厘米。弧腹，圈足外墙斜削一圈。碗内底有刮釉形成的涩圈，涩圈以内饰有莲纹。生烧，红褐胎。足端及足内底不施釉。

20 保 Y3：14，两件叠烧，口沿与腹均残，通高 3.7、足径 5.6 厘米。弧腹，圈足外墙斜削一圈。灰胎，内含较大黑色颗粒。釉色青绿，釉面有一定玻璃质感，足端及足内底不施釉。碗内底有刮釉形成的涩饼，下边一件碗的圈足内粘有泥饼。（图 2-7：6；彩版一一：1）

20 保 Y4：26，口沿及上腹均残，残高 4.2、足径 5.4 厘米。圈足外墙斜削一圈。灰胎，胎质粗疏。釉色青黄，足内底不施釉。碗内底有刮釉形成的涩圈，圈足内粘有泥饼。

20 保 Y5：14，仅余部分腹与足，残高 2.3、足径 6 厘米。下腹弧。胎色黄褐，胎质较粗。釉层剥落情况严重。碗内底有刮釉形成的涩饼。

20 保 Y5：15，仅余部分腹底，残长 8.6、残高 2.5 厘米。下腹弧，胎色黄灰，胎质较粗。釉色青灰。碗内底有蘸釉形成的涩饼。

20 保 Y6：12，仅余部分下腹与足，残高 3.6、足径 6 厘米。圈足挖足较深，足外墙斜削一圈。内壁刻有花草纹样，内底刻有旋纹一圈。胎色灰，胎质较粗。釉色青绿，足端与足内底不施釉。碗内底有刮釉形成的涩圈，底足有泥饼痕迹。（彩版一一：2）

20 保 Y6：18，口沿及上腹均残，残高 2.8、足径 6.4 厘米。弧腹，圈足外墙斜削一圈。胎色灰，胎质粗疏。釉色青绿，足端与足内底不施釉。碗内底有刮釉形成的涩饼和三个泥点痕迹，底足粘有泥饼痕迹。

20 保 Y6：31，仅余部分下腹与足，残高 3.2、足径 5.8 厘米。弧腹，圈足挖足较深，足外墙斜削一圈，足内底边缘旋削一圈。碗内底有刮釉形成的涩圈，涩圈以内所饰纹样不清晰。胎色灰，胎质较粗。釉色青灰，足内底不施釉。底足有泥饼痕迹。

20 保 Y7：27，口沿与腹部残，残高 2.5、足径 6.2 厘米。下腹斜弧，圈足内底边缘旋削一圈。灰胎，胎质较粗，内含细小气孔。釉色青灰，施釉不及底。碗内底有刮釉形成的涩饼。

20 保 Y10：1，仅余部分下腹与足，残高 3.3、足径 6 厘米。弧腹，圈足外墙斜削一圈，足内底边缘旋削一圈。灰胎，胎质较粗。釉色青绿，足端与足内底不施釉。碗内底有刮釉形成的涩饼，底足有泥饼痕迹。（图 2-7：7）

20 保 Y11：6，仅余部分下腹与足，残高 3.6、足径 5.8 厘米。圈足外墙斜削一圈，内底边缘有旋削痕迹。生烧，胎色偏红，胎质粗疏。釉色青褐，足端与足内底不施釉。碗内底有刮釉形成的涩饼。（彩版一一：3）

20 保 Y12：7，仅余部分腹与足，残高 1.8、足径 2.9 厘米。下腹斜弧，圈足内外墙均有斜削痕迹，足内底边缘有旋削痕迹。浅灰胎，胎质较粗。釉色淡青，釉面有较多细小缩釉点，足端及足内底不施釉。碗内底有刮釉形成的涩饼，涩饼边缘有器物叠烧痕迹。

——Ⅱ式，173 件。足端平直，即足外墙不见斜削痕迹。选取标本 21 件。

20 保 Y1：1，底足残片，残高 2、足径 6.1 厘米。窄圈足，足内底边缘旋削一圈。灰胎，胎质疏松。釉色青黄，有缩釉现象，足端及足内底不施釉。碗内底有涩圈痕迹。（图 2-7：8）

20 保 Y3：15，仅余部分腹与足，残高 2.8、足径 6.3 厘米。弧腹。内腹与内底交界处装饰旋纹一圈；内底有刮釉形成的涩饼，涩饼区域内刻有金刚杵纹与"天下太平"四字的组合纹样。生烧，红褐胎，胎质粗疏。足端及足内底不施釉。

20 保 Y3：16，口沿与上腹残，留有部分口沿，高 8、口径 19、足径 6.2 厘米。侈口，腹部斜弧，圈足内底边缘旋削一圈。碗内底装饰旋纹一圈，旋纹内有刮釉形成的涩饼，涩饼区域内装饰莲纹。生烧，灰胎，内含少量黑色颗粒。足端及足内底不施釉。圈足内粘有泥饼。

20 保 Y3：17，口沿与上腹均残，残高 3.2、足径 5.7 厘米。弧腹。内壁近底处装饰旋纹一圈；内底有刮釉形成的涩饼，涩饼区域内所饰花卉纹样不清晰。灰胎，内含少量黑色颗粒。釉色青，足端及足内底不施釉。圈足内粘有泥饼。

20 保 Y3：18，口沿与上腹均残，残高 7、足径 6 厘米。弧腹微垂。碗内底装饰旋纹一圈，旋纹内有刮釉形成的涩饼，涩饼区域内所饰花卉纹样不清晰。灰胎，胎质较粗。釉色青灰，足端及足内底不施釉。圈足内粘有泥饼。

20 保 Y3：19，仅余部分腹与足，残高 3.2、足径 6.1 厘米。弧腹。碗内底装饰旋纹一圈。灰胎。釉色青绿，圈足不施釉。碗内底有刮釉形成的涩饼，圈足内粘有泥饼残块。

20 保 Y4：9，口沿及上腹均残，残高 2.4、足径 6.2 厘米。生烧，胎色偏红，胎质粗疏。足端与足内底不施釉。碗内底蘸釉后再刮釉形成的涩饼。

20 保 Y4：10，仅余部分下腹与足，残高 3、足径 5 厘米。生烧，胎色偏红，胎质粗疏。足端与足内底不施釉。碗内底有刮釉形成的涩饼。（图 2-7：9）

20 保 Y4：11，口沿及上腹均残，残高 3.3、足径 5.7 厘米。弧腹，圈足内底边缘旋削一圈。碗内底有刮釉形成的涩圈，涩圈以内所饰纹样不清晰。灰胎，胎质较粗。足端与足内底不施釉。

20 保 Y4：12，口沿及上腹均残，高 3.8、足径 6.3 厘米。弧腹，圈足内底边缘旋削一圈。碗内底刻有三重旋纹一圈，旋纹内有蘸釉后刮釉形成的涩饼，涩饼区域内刻有莲纹；外壁近足处刻有旋纹一圈。胎色灰，胎质较粗。釉色青绿，足端与足内底不施釉。（彩版一二：1）

20 保 Y4：13，口沿及上腹均残，留有部分口沿，高 6.6、口径 18.4、足径 6.4 厘米。侈口，弧腹。碗内底刻有旋纹一圈，旋纹内有刮釉形成的涩饼，涩饼区域内有金刚杵纹和"天下太平"四字的纹样组合。胎色偏红，胎质粗疏。釉色青灰，釉层不均匀，有流釉现象，足端不施釉。圈足内粘有泥饼残块。（彩版一二：2）

20 保 Y4：14，口沿及上腹均残，残高 4.5、足径 6.2 厘米。弧腹，圈足内底边缘旋削一圈。碗内底有旋纹一圈，旋纹内有刮釉形成的涩饼，涩饼区域内刻有"平心"字样。胎色灰，胎质粗疏。釉色青黄，足端与足内底不施釉。底足有泥饼痕迹。（彩版一二：3）

20 保 Y4：15，口沿及上腹均残，残高 5、足径 6 厘米。碗内底刻有旋纹一圈，旋纹内有刮釉形成的涩饼，涩饼区域内刻有菊花纹。胎色灰，胎质粗疏。釉色青绿，足端与足内底不施釉。底足粘有泥饼。

20 保 Y4：16，口沿及上腹均残，残高 4、足径 6.5 厘米。弧腹。碗内底刻有旋纹一圈，旋纹内有刮釉形成的涩饼，涩饼区域内刻有莲纹；外壁近足处刻有旋纹一圈。生烧，胎色偏红，胎质粗疏。足端与足内底不施釉。

20 保 Y4：17，口沿及上腹均残，残高 3.5、足径 6.2 厘米。弧腹。碗内底刻有旋纹一圈，旋纹内有刮釉形成的涩饼，涩饼区域内刻有牡丹纹。生烧，灰胎，胎质粗疏。足端与足内底不施釉。

20 保 Y4：18，仅余部分腹与足，残高 2.5、足径 6 厘米。碗内底有刮釉制成的涩饼，涩饼区域内所刻牡丹纹不清晰。胎色偏红，胎质较粗。釉色青绿，足端不施釉。圈足内粘有泥饼。（彩版一三：1）

20 保 Y4：23，两件叠烧，口沿及上腹残，下边一件留有部分口沿，有变形，通高 7、足径 6 厘米。侈口，弧腹。碗内底刻有旋纹一圈，旋纹内有刮釉形成的涩饼；外壁近口沿处刻有密集旋纹四道。灰胎，胎质粗疏。釉色青绿，足端及足内底不施釉。下边一件碗底足粘有泥饼、外壁粘有匣钵残块。（图 2-7：10；彩版一二：4）

20 保 Y5：1，口沿及上腹均残，残高 4.4、足径 5.5 厘米。下腹弧。碗内底有刮釉形成的涩圈，涩圈以内刻莲纹。灰胎，胎质较粗，内夹少量黑色颗粒。釉色青绿，足端及足内底不施釉。圈足内粘有泥饼，碗内底留有器物装烧痕迹。（图 2-7：11；彩版一三：2）

20 保 Y6：19，口沿及上腹残，留有部分口沿，高 5.4、足径 6 厘米。侈口，弧腹，圈足内底边缘旋削一圈。碗内底刻有双重旋纹一圈，旋纹内有刮釉形成的涩饼。胎色灰，胎质较粗。釉色不均，足端与足内底不施釉。底足有泥饼痕迹。

20 保 Y6：30，三件叠烧，口沿与上腹均残，通高 8.1、足径 6.2 厘米。上边两件腹部变形较严重，最下边一件上腹浅弧、下腹斜直，均为圈足。三件内底均装饰旋纹一圈。灰胎，内含细小黑色颗粒。釉色青黄，最下边一件圈足足端不施釉。最上边一件内底粘有匣钵残块；中间一件内底有刮釉现象；最下边一件内底有蘸釉形成的涩饼痕迹，圈足内粘有泥饼，外壁粘有匣钵残块。

20 保 Y8：16，口沿及上腹残，残高 2.2、足径 5.8 厘米。弧腹。碗内底装饰旋纹一圈。灰胎，胎质较粗。釉色青黄，足端及足内底不施釉。碗内底有刮釉制成的涩饼，涩饼边缘有器物叠烧痕迹。

D 型

121 件。宽圈足，足径较大，足墙低矮，挖足较浅，足外墙有斜削痕迹。依据装烧方式再分二亚型。

Da 型 117 件。普遍施釉不及底，留有泥饼填烧、泥点间隔的装烧痕迹。选取标本 24 件。

20 保 Y7：2，仅余部分腹与足，残高 1.6、足径 7.4 厘米。弧腹，圈足外墙斜削一圈。内腹与内底分界处旋修一圈，内底呈微微凸起状。碗心所饰纹样不清晰。胎色灰褐，胎质较粗，内含细小气孔。釉色淡青灰，足端及足内底不施釉。圈足内粘有泥饼残块。

20 保 Y8：13，口沿及上腹残，残高 3.8、足径 7 厘米。弧腹，圈足外墙斜削一圈。内腹与内底分界处旋修一圈，内底呈微微凸起状。灰胎，胎质较粗。釉色青黄，足端及足内底不施釉。足端有四个泥点痕迹，碗内底有三个泥点痕迹及器物叠烧痕迹。（图 2-8：1）

20 保 Y8：14，口沿及上腹残，残高 3.3、足径 5.6 厘米。弧腹，圈足外墙斜削一圈。内腹与内底分界处旋修一圈，内底呈微微凸起状。灰胎，胎质较粗。釉色青黄，足端及足内底不施釉。底足有泥饼痕迹，碗内底有四个泥点痕迹。（图 2-8：2）

20 保 Y8：15，口沿及上腹残，残高 5、足径 6.7 厘米。弧腹，圈足外墙斜削一圈。内腹与内底分界处旋修一圈，内底呈微微凸起状。灰胎，胎质较粗。釉色青，施釉不及底。碗内底有四个泥点痕迹。（图 2-8：3）

20 保 Y10：7，口沿及上腹残，仅余部分口沿，高 6、足径 6 厘米。直口，上腹斜直，下腹微垂，足外墙斜削一圈。内腹与内底分界处旋修一圈，内底呈微微凸起状。灰胎，胎质粗疏。釉色青灰，有流釉及窑变现象，施釉不及底。底足有泥饼痕迹，碗内底有四个泥点痕迹。（图 2-8：4）

20 保 Y10：8，口沿及上腹残，留有部分口沿，高 6、口径 15、足径 6.6 厘米。直口，上腹斜直，下腹微垂，足外墙斜削一圈。内腹与内底分界处旋

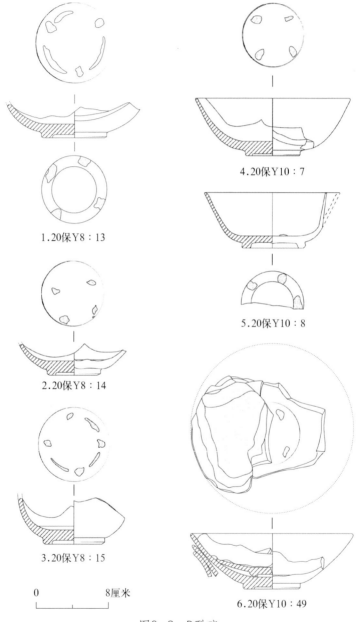

1.20保Y8：13

2.20保Y8：14

3.20保Y8：15

4.20保Y10：7

5.20保Y10：8

6.20保Y10：49

0　　　　　　　8厘米

图2-8　D型 碗

1～6.Da型

修一圈，内底呈微微凸起状。灰胎，胎质较粗。釉色青黄，施釉不及底。足端有四个泥点痕迹，碗内底有两个泥点痕迹。（图2-8：5）

20保 Y10：49，碗、盏四件叠烧，最上边一件为盏，以下均为碗，部分口沿、上腹及碗底残，下边两件仅余口沿，通高5.5、足径6厘米。盏为饼足，足外缘斜削一圈。灰胎。釉色酱褐。盏内底粘连匣钵残块，足底与碗以泥点间隔。碗为直口，斜腹，圈足较宽、挖足较浅。内腹与内底分界处旋修一圈，内底呈微微凸起状。灰胎。釉色青灰，足端及足内底不施釉。最下边一件碗内底有四个泥点痕迹。（图2-8：6）

20保 Y10：50，两件叠烧，口沿及腹部残，通高5.2、足径6.5厘米。斜弧腹，圈足挖足较浅，足外墙斜削一圈。内腹与内底分界处均旋修一圈，内底呈微微凸起状。灰胎，胎质较粗。酱褐釉，施釉不及底。器物间以泥点间隔，最上边一件内底有四个泥点痕迹。（图2-9：1；彩版一三：3）

20保 Y10：55，仅余部分腹与足，残高4.8、足径6.2厘米。弧腹，圈足外墙斜削一圈。碗内底装饰旋纹一圈。灰胎，胎质较粗。青釉，施釉不及底，有窑变现象。

20保 Y10：56，三件叠烧，口沿及腹部残，通高7、足径7厘米。斜弧腹，宽圈足，足外墙斜削一圈。内腹与内底分界处旋修一圈，内底呈微微凸起状。灰胎，胎质较粗，含有较大黑色颗粒。釉色青灰，施釉不及底。最下边一件圈足内粘有泥饼；器物间以泥点间隔，最上边一件内底有四个泥点痕迹。（图2-9：2；彩版一三：4）

20保 Y10：57，两件叠烧，口沿与腹部残，通高2.8、足径6.1厘米。斜弧腹，圈足外墙斜削一圈。下边一件内腹与内底交界处旋修一圈。灰胎。上边一件釉色酱黑且圈足不施釉，下边一件釉色青黄且施釉不及底。下边一件足端有四个泥点痕迹，器物间以泥点间隔。（图2-9：3；彩版一三：5）

20保 Y10：58，底足残片，残高2、足径7.2厘米。圈足外墙斜削一圈。内腹与内底交界处旋修一圈，内底呈微微凸起状。灰胎。釉色青黄，釉层剥落现象严重，足端及足内底不施釉。（图2-9：5）

20保 Y11：4，口沿及上腹残，留有部分口沿，残高6.2、口径15、足

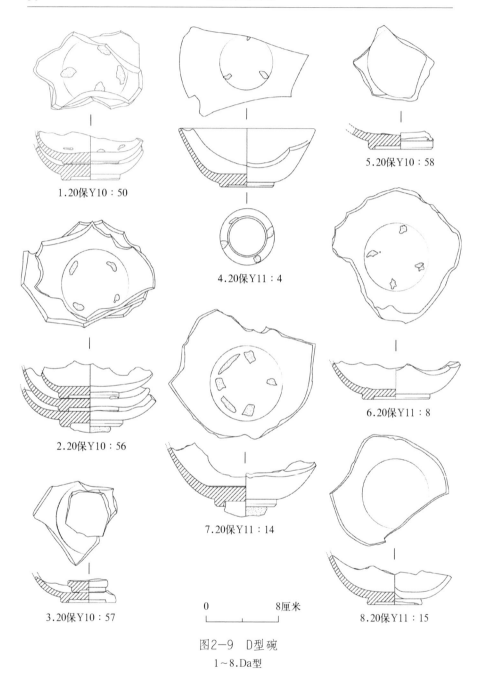

1.20保Y10：50

5.20保Y10：58

4.20保Y11：4

2.20保Y10：56

6.20保Y11：8

7.20保Y11：14

3.20保Y10：57

0　　　　　　8厘米

8.20保Y11：15

图2-9　D型 碗

1～8.Da型

径6厘米。直口，弧腹，圈足外墙斜削一圈，足内底边缘旋削一圈。内腹与内底分界处旋修一圈，内底呈微微凸起状。灰胎，胎质较粗。釉色青灰，施釉不及底。足端有四个泥点痕迹，碗内底有三个泥点痕迹。（图2-9：4；彩版一四：1）

20保Y11：5，口沿及上腹残，残高3.9、足径6厘米。弧腹，圈足外墙斜削一圈。内腹与内底分界处旋修一圈，内底呈微微凸起状。部分生烧，深灰胎，胎质较粗。釉色青褐，施釉不及底。圈足内粘有泥饼，碗内底有四个泥点痕迹。

20保Y11：8，口沿及上腹残，残高4、足径7.6厘米。圈足外墙斜削一圈。内腹与内底分界处旋修一圈，内底呈微微凸起状。深灰胎，胎质较粗。釉色青褐，施釉不及底。足端和碗内底各有四个泥点痕迹。（图2-9：6；彩版一四：2）

20保Y11：14，口沿及上腹均残，残高6.6、足径6.8厘米。弧腹，圈足外墙有斜削痕迹。内腹与内底分界处旋修一圈，内底呈微微凸起状。浅灰胎，胎质较粗。釉色青褐，圈足不施釉。圈足内粘有泥饼，碗内底有四个泥点痕迹。（图2-9：7）

20保Y11：15，口沿及上腹均残，留有部分圈足，残高5.2、足径6.2厘米。弧腹，圈足内外墙均有斜削痕迹。内腹与内底分界处旋修一圈，内底呈微微凸起状。浅灰胎。釉色黄绿，圈足不施釉。圈足有三个泥点痕迹。（图2-9：8）

20保Y11：16，口沿及上腹均残，残高3.5、足径6.1厘米。弧腹，圈足外墙有斜削痕迹。内腹与内底分界处旋修一圈，内底呈微微凸起状。部分生烧，灰胎，胎质较粗。釉色青绿，施釉不及底。足端及碗内底均有三个泥点痕迹。

20保Y11：19，仅余部分下腹与足，残高7.6、口径19、足径6.6厘米。直口，弧腹，圈足外墙有斜削痕迹。内腹与内底分界处旋修一圈，内底呈微微凸起状。部分生烧，灰胎。釉色青褐，有窑变现象，圈足不施釉。碗内底有一个泥点痕迹。

20 保 Y11：48，四件叠烧，口沿及上腹残，留有部分口沿，通高 8、口径 16.8、足径 7.3 厘米。直口，斜弧腹，腹部有塌烧现象，圈足外墙斜削一圈。灰胎，胎质较粗。最上边一件釉色酱褐，其他釉色青灰且施釉不及底。最下边一件圈足内粘有泥饼，器物间以泥点间隔。（彩版一四：3）

20 保 Y11：50，口沿及上腹残，残高 5、足径 6 厘米。弧腹，圈足外墙斜削一圈。内腹与内底分界处旋修一圈，内底呈微微凸起状。胎色灰。釉色酱黑，足端不施釉。圈足内粘有泥饼，碗内底有四个泥点痕迹。（图 2-10：1；彩版一四：4）

20 保 Y11：51，三件叠烧，口沿及上腹残，留有部分口沿，残高 4.8、口径 17、足径 6 厘米。直口，斜腹，圈足外墙斜削一圈。内腹与内底分界处旋修一圈，内底呈微微凸起状。胎色灰，胎质较粗。釉色酱褐，施釉不及底。足端和碗内底均有三个泥点痕迹。外壁均粘连下层叠烧器物的口沿残片。（图 2-10：2）

20 保 Y11：73，四件叠烧，口沿与上腹残，留有部分口沿，为三件青釉器上置一件黑釉器，通高 8.8、足径 6.4 厘米。直口，斜直腹，下腹略垂，圈足外墙斜削一圈。青釉器内腹与内底分界处旋修一圈，内底呈微微凸起状。灰胎。下边三件釉色青灰，釉层剥落现象严重；最上边一件釉色黑。器物间以泥点间隔。（图 2-10：3；彩版一五：1）

20 保 Y11：75，四件叠烧，口沿与腹部残，通高 5.5、足径 6 厘米。弧腹，圈足外墙斜削一圈。内腹与内底分界处旋修一圈，内底呈微微凸起状。灰胎，胎质较粗。釉色酱黑，施釉不均匀，最下边一件腹壁有蘸釉形成的露胎。最下边一件圈足内粘有泥饼，器物间以泥点间隔。（图 2-10：4；彩版一五：2）

**Db 型**　4 件。普遍施釉不及底，碗内底有涩圈、涩饼痕迹。

20 保 Y9：1，口沿及上腹均残，残高 1.5、足径 6.8 厘米。圈足外墙斜削一圈。生烧，胎色偏红，胎质较粗。碗内底有涩饼痕迹。（图 2-10：5）

20 保 Y10：2，底足残片，残高 1.5、足径 6 厘米。圈足外墙斜削一圈，足内底边缘旋削一圈。有生烧迹象，胎色偏红，胎质疏松。釉色青绿，足端

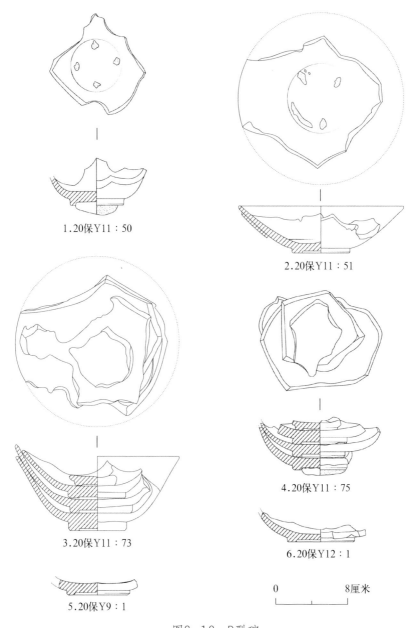

1.20保Y11：50

2.20保Y11：51

3.20保Y11：73

4.20保Y11：75

5.20保Y9：1

6.20保Y12：1

0　　　　　　　　8厘米

图2—10　D型碗

1～4.Da型　5、6.Db型

与足内底不施釉。碗内底有刮釉形成的涩饼痕迹。

20保Y12：1，仅余部分腹与足，残高3、足径7.4厘米。斜弧腹，圈足外墙斜削一圈。内腹与内底分界处旋修一圈，内底呈微微凸起状。灰胎，夹较多细砂颗粒。施釉不及底。内底有刮釉形成的涩饼痕迹。（图2-10：6；彩版一五：3）

20保Y12：2，仅余部分腹与足，残高1.8、足径8.2厘米。圈足外墙斜削一圈，足内底边缘旋削一圈。内腹与内底分界处旋修一圈，内底呈微微凸起状。灰胎，夹较多细砂颗粒。釉层剥落现象较为严重。内底有蘸釉形成的涩饼痕迹。（彩版一六：1）

口沿及腹部残片（未分型）

选取标本22件。

20保Y1：9，下腹残片。弧腹。外壁上端有旋纹一道，下端有环绕圈足装饰的三线莲瓣纹，接近圈足处另有旋纹一道。胎色浅灰，胎质较粗。釉色青，有开片。

20保Y1：10，仅余部分口沿与腹。侈口。内壁刻划曲线纹两道；外壁上端接近口沿处装饰密集旋纹五道，另有三道短划线与之相交，下端另有旋纹一道及部分双线莲瓣纹。灰胎，胎质较粗。釉色青，有开片。

20保Y1：11，仅余部分口沿与腹。侈口。内壁刻划曲线纹两道；外壁上端接近口沿处装饰密集旋纹五道，另有三道短划线与之相交。胎色偏黄，胎质较粗。釉色青，有开片。

20保Y1：12，腹部残片。内壁刻双线莲瓣纹，外壁饰旋纹两道。胎色浅灰，胎质较粗。釉色青，有开片。（彩版一六：2）

20保Y2：7，仅余部分口沿，残长5、残宽3.5厘米。侈口。外壁近口沿处刻旋纹六道。胎色浅灰，胎质较粗。釉色青黄。

20保Y2：8，仅余部分口沿与腹，残长8、残宽7.5厘米。侈口，弧腹。外壁近足处刻旋纹四道。胎色浅灰，胎质较粗。釉色青。口沿粘有匣钵残块。

20 保 Y4 : 19，口沿残片，残长 4.4、残宽 3.5 厘米。侈口。内壁近口沿处刻旋纹一道，外壁近口沿处刻有密集旋纹五道。胎色灰，胎质粗疏。釉色青黄，有流釉现象。

20 保 Y4 : 20，口沿残片，残长 4.7、残宽 4.5 厘米。直口。内壁近口沿处刻旋纹一道。胎色灰，胎质较粗。釉色青绿。

20 保 Y4 : 21，口沿残片，残长 8.1、残宽 5.5 厘米。侈口，方唇。胎色偏红，胎质较粗。釉色青绿。

20 保 Y6 : 20，两件粘连，均为口沿及上腹残片，残长 8.5、残宽 4 厘米、复原口径 19 厘米。侈口，方唇。外壁近口沿处刻密集旋纹四道。胎色灰，胎质较粗。釉色青黄。

20 保 Y6 : 21，口沿及上腹残片，残长 3.4、残宽 3.2 厘米。侈口。外壁近口沿处刻密集弦纹三道。胎色灰，胎质较粗。釉色青黄。

20 保 Y6 : 29，口沿及腹部残片，残高 5.3 厘米。侈口，上腹浅弧，下腹略垂。外腹有明显拉坯痕。灰白胎，内含少量细小黑色颗粒。釉层较厚，釉色淡青。

20 保 Y10 : 3，口沿残片，残长 12、残宽 6 厘米。侈口，弧腹。内壁饰一组曲线纹与篦划纹构成的组合纹样，外壁近口沿处刻密集弦纹四道。灰胎，胎质较粗。釉色浅青，内壁有流釉现象。

20 保 Y10 : 39，口沿残片。残长 4、残宽 4 厘米。直口，口沿处略外撇。灰胎，胎质较粗。釉色青黄。

20 保 Y10 : 40，腹部残片，残长 5、残宽 4.5 厘米。有接胎痕迹。灰胎，胎质较粗。釉色青。

20 保 Y11 : 11，口沿残片，残长 5.7、残宽 5.5 厘米。直口。内壁近口沿处装饰旋纹一道。浅灰胎，胎质较细。釉色青。

20 保 Y11 : 12，口沿与腹部残片，残长 6.5、残宽 6 厘米。侈口，弧腹。内壁近口沿处装饰旋纹一道，外壁近口沿处装饰旋纹一道。浅灰胎。釉色青绿，玻璃质感强，有细小开片。

20 保 Y12 : 8，仅余部分口沿与腹，残长 6.5、残宽 6.4 厘米。侈口，圆唇，弧腹。胎色灰。釉色青黄。

20 保 Y12：9，仅余部分口沿与腹，残长 5.1、残宽 4.7 厘米。直口，斜腹。内壁有刻划花装饰，外壁装饰旋纹多道。灰胎。釉色青灰。

20 保 Y12：10，仅余部分口沿与腹，残长 7.8、残宽 6.6 厘米。侈口，弧腹。外壁近口沿处饰多道旋纹。灰胎，胎质较粗，夹有较多黑色砂粒。釉色青，有流釉现象。

20 保 Y12：14，仅余部分口沿与腹，残长 10、残宽 7.2 厘米。直口，上腹较斜，下腹略弧。内壁近口沿处装饰旋纹一道，其下刻划莲纹。胎色黄，胎质较细。釉色泛青，外壁近口沿处有缩釉现象。

20 保 Y12：15，仅余部分口沿与腹，残长 7、残宽 5.3 厘米。直口，上腹斜直。内壁近口沿处装饰旋纹一道，其下刻划纹样。胎色黄，胎质较细。釉色泛青，外壁有缩釉现象。

## 二    小碗

4 件。以底足形态差异分二型。

A型

2 件。圈足细窄。选取标本 1 件。

20 保 Y2：1，仅余部分口沿、腹与足，口沿处严重变形，高 6.6、口径 17、足径 7 厘米。侈口，弧腹，圈足外墙有斜削痕迹。灰胎，胎质较粗。釉色青黄。口沿及外壁粘有匣钵残块。（彩版一六：3）

B型

2 件。圈足较宽。选取标本 1 件。

20 保 Y12：16，仅存部分口沿、腹与足，高 3.4、口径 8.8、足径 3.6 厘米。直口，弧腹，圈足外墙斜削一圈，足内底边缘有旋削痕迹。胎色灰。釉色淡青灰，外壁施釉不及底。足端有四个泥点痕迹。（图 2-11：1；彩版一六：4）

## 三　盏

51 件。以底足形态差异分三型。

A型

8 件。平底。釉色酱褐、酱黑。以装烧方式的变化，即采用泥饼填烧、泥点间隔以及涩圈、涩饼叠烧的差异分二式。

——Ⅰ式，2 件。有泥饼、泥点的装烧痕迹。

20 保 Y5∶11，五件叠烧，倒塌后与碗粘连，整体严重变形，通高 7.5 厘米。敞口，腹略弧。胎色灰，含有粗大黑色颗粒。釉色酱褐。最下边一件粘有泥饼，器物间以泥点间隔。（彩版一七∶1）

20 保 Y11∶55，七件叠烧，塌烧及粘连现象严重，口沿与腹部残，留有部分口沿，通高 5、底径 3.4 厘米。胎色灰，胎质较粗，含有黑色颗粒。釉色褐。底部粘连泥饼。（彩版一七∶2）

——Ⅱ式，6 件。有涩圈、涩饼的叠烧痕迹。选取标本 4 件。

20 保 Y9∶28，仅余部分下腹与底，残高 1.5、底径 5 厘米。下腹斜直，平底微内凹。胎色灰，胎质较粗。釉色黑，施釉不及底。盏内底有蘸釉形成的涩饼。

20 保 Y11∶56，两件叠烧，口沿与上腹残，通高 1.8、底径 3 厘米。斜腹，平底内凹。胎色红褐。釉色酱褐。上边一件内底有刮釉形成的涩饼。（图 2-11∶3；彩版一七∶3）

20 保 Y12∶18，口沿及上腹残，留有部分口沿，高 2.4、口径 8.4、底径 3.3 厘米。直口，斜腹，平底略凹。灰胎，胎质较粗。釉色酱褐，器底不施釉。盏内底有刮釉形成的涩饼和器物叠烧痕迹。（图 2-11∶2；彩版一七∶4）

20 保 Y12∶19，口沿及上腹残，残高 1.8、底径 3.8 厘米。下腹斜直，平底内凹。灰胎，胎质较粗。釉色酱褐。盏内底有刮釉形成的涩饼和器物叠烧痕迹。外底粘有泥饼残块。

B型

12 件。饼足。以腹部形态再分三亚型。

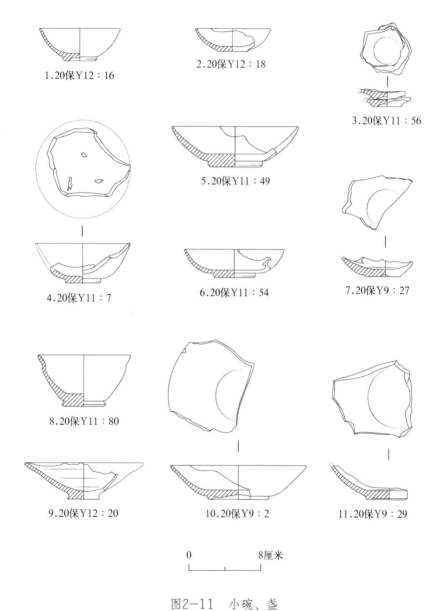

1.20保Y12：16

2.20保Y12：18

3.20保Y11：56

5.20保Y11：49

4.20保Y11：7

6.20保Y11：54

7.20保Y9：27

8.20保Y11：80

9.20保Y12：20

10.20保Y9：2

11.20保Y9：29

0　　　　　　　8厘米

图2-11　小碗、盏

1.B型小碗　2、3.A型Ⅱ式盏　4~6.Ba型Ⅰ式盏　7.Ba型Ⅱ式盏
8.Bb型盏　9.Bc型盏　10、11.C型盏

Ba 型 6 件。弧腹。以装烧方式的变化，即按泥饼填烧、泥点间隔以及涩圈、涩饼叠烧方式的差异分二式。

——Ⅰ式，5 件。有泥饼、泥点的装烧痕迹。选取标本 3 件。

20 保 Y11：7，口沿及上腹残，留有部分口沿，高 4.2、足径 3.8 厘米。外壁有明显拉坯痕，饼足外墙斜削一圈。灰胎。釉色青褐，满釉。足底有四个泥点痕迹，盏内底有三个泥点痕迹。（图 2-11：4；彩版一八：1）

20 保 Y11：49，口沿及上腹残，留有部分口沿，高 4.4、口径 14.2、足径 6.1 厘米。直口微敛，浅弧腹，饼足外沿斜削一圈。内腹与内底分界处旋修一圈，盏心略凹。内壁装饰旋纹。胎色灰。釉色褐。足底有泥点痕迹。（图 2-11：5；彩版一八：2）

20 保 Y11：54，口沿及上腹残，留有部分口沿，高 3、口径 11、足径 4.6 厘米。直口，浅弧腹，饼足外墙斜削一圈。胎色黄褐。釉色酱褐，施釉不及底。足底有三个泥点痕迹。（图 2-11：6；彩版一八：3）

——Ⅱ式，1 件。有涩圈、涩饼痕迹。

20 保 Y9：27，仅余部分下腹与足，残高 2、足径 4 厘米。下腹斜直，饼足微内凹。盏内底旋修一圈，呈微微凸起状。胎色灰。釉色青黄，施釉不及底。盏内底有蘸釉形成的涩饼痕迹。（图 2-11：7；彩版一九：1）

Bb 型 1 件。直腹微弧，靠近口沿处内凹。

20 保 Y11：80，两件叠烧，上边一件口沿与上腹残，留有部分口沿，高 5.4、足径 4.8 厘米。束口，饼足微外撇，足外墙斜削一圈。灰胎，胎质较粗。釉色酱褐，外壁施釉不及底，口沿处有流釉现象。（图 2-11：8；彩版一九：2）

Bc 型 5 件。斜直腹。选取标本 1 件。

20 保 Y12：20，口沿及上腹残，留有部分口沿，高 4.2、口径 13.2、足径 3.6 厘米。直口。胎色黄，生烧。（图 2-11：9；彩版一九：3）

C 型

31 件。圈足。均有涩圈、涩饼叠烧痕迹。选取标本 6 件。

20 保 Y9：2，仅余部分下腹与足，残高 3.5、足径 6.8 厘米。弧腹，圈足较窄，足墙低矮，挖足较浅，足外墙斜削一圈，足内底边缘旋削一圈。盏内底旋修一圈，呈微微凸起状。胎色偏红，胎质较粗。釉色青灰，釉层稀薄，施釉不及底。盏内底有蘸釉形成的涩饼。（图 2-11：10；彩版一九：4）

20 保 Y9：3，仅余部分下腹与足，残高 2.3、足径 7 厘米。圈足较窄，足墙低矮，挖足较浅，圈足外墙斜削一圈，足内底边缘旋削一圈。胎色偏黄，胎质粗疏。黑釉，施釉不及底。盏内底有蘸釉形成的涩饼。

20 保 Y9：29，口沿及上腹残，留有部分口沿，高 3.6、足径 4.6 厘米。敞口，斜腹略弧，圈足较窄，足墙较矮，挖足较浅，足外墙斜削一圈，足内底边缘旋削一圈。盏内底旋修一圈，呈微微凸起状。灰胎，胎质较粗，胎色淡青。施釉不及底。盏内底有蘸釉形成的涩饼，圈足内粘有泥饼残块。（图 2-11：11）

20 保 Y9：39，仅余部分下腹与足，残高 1.6、足径 6.1 厘米。圈足较窄，足墙低矮，挖足较浅，足内底边缘旋削一圈。盏内底旋修一圈，呈微微凸起状。胎色偏红，胎质粗疏。黑釉，施釉不及底。盏内底有蘸釉再刮釉形成的涩饼。（彩版二〇：1）

20 保 Y9：40，仅余部分下腹与足，残高 2、足径 6 厘米。圈足较窄，足墙低矮，挖足较浅，足内底边缘旋削一圈。盏内底旋修一圈，呈微微凸起状。胎色偏红，胎质粗疏。釉色青黄，施釉不及底。盏内底有刮釉形成的涩饼。

20 保 Y9：41，十件叠烧，通高 6.5 厘米。直口，斜腹，圈足较窄，足墙较矮，挖足较浅，足内底边缘旋削一圈。盏内底旋修一圈，呈微微凸起状。胎色灰，胎质粗疏。釉色浅青，施釉不及底。盏内底有蘸釉形成的涩饼。（彩版二〇：2）

口沿残片（未分型）

选取标本 2 件。

20 保 Y9：26，口沿残片，残长 3.7、残宽 3.4 厘米。直口。胎色灰。釉色黄绿，釉面有窑变现象。

20 保 Y11：53，残长 8.2、残宽 3.6 厘米。直口，斜弧腹。内壁装饰旋纹一道，外壁有多道拉坯痕迹。胎色灰。釉色酱黑。

## 四　盘

共 11 件。以口沿形态分三型。

A型

5 件。折沿。选取标本 4 件。

20 保 Y1：13，口沿残片，残长 4.4、残宽 2.9 厘米。外壁刻有双线莲瓣纹。胎色浅灰，胎质较粗。釉色青，有开片。（图 2-12：1；彩版二〇：3）

20 保 Y4：22，口沿残片，残长 6、残宽 2.4 厘米。圆唇上折。灰胎，胎质粗疏。釉色青绿。（图 2-12：2）

20 保 Y7：25，口沿与腹残片，残长 6.4、残宽 6.1 厘米。葵口，弧腹。外壁近口沿处装饰旋纹一道。灰胎，胎质较粗，内含细小气孔。釉色青。（图 2-12：3；彩版二〇：4）

20 保 Y10·41，口沿残片，残长 7.5、残宽 4.5 厘米。圆唇上折。胎色浅灰，釉色浅青。（图 2-12：4；彩版二〇：5）

B型

4 件。侈口。

20 保 Y1：8，仅余部分口沿、腹与足，高 4.9、口径 20、足径 6 厘米。弧腹，窄圈足，足外墙有斜削痕迹，足内底边缘旋削一圈。内壁刻划多道曲线纹，盘内底装饰旋纹一道。灰胎，胎质较粗。釉色青，有开片，足内底不施釉。足内有泥饼痕迹。（图 2-12：5；彩版二一：1）

20 保 Y9：30，仅余部分口沿、腹与足，高 3.6、足径 6.4 厘米。斜腹略弧，窄圈足，足底边缘有旋削痕迹。外壁近足处装饰旋纹两道。灰胎。釉色青黄，足内底不施釉。圈足内有泥饼痕迹。（图 2-12：6；彩版二一：2）

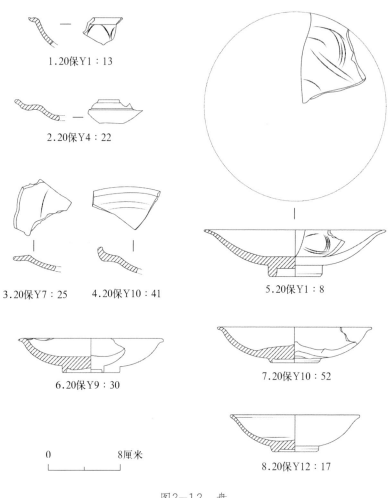

图2—12　盘
1~4.A型　5~8.B型

20保Y10：52，口沿及上腹残，留有部分口沿，高3.8、口径17.2、足径5.6厘米。弧腹，窄圈足，足外墙斜削一圈，足内底边缘旋削一圈。灰胎，胎质较粗。釉色青，足内底不施釉。足内有泥饼痕迹。（图2—12：7；彩版二一：3）

20保Y12：17，口沿与上腹残，留有部分口沿，高4、口径14.4、足径

5.2 厘米。敞口微外折，斜弧腹，圈足，挖足较浅，足外墙斜削一圈，足内底边缘旋削一圈。内腹与内底分界处旋修一圈，内底呈微微凸起状。胎色浅灰黄，胎质较细。釉色青黄。足端留有四个泥点痕迹，盘内底有三个泥点痕迹。（图 2-12：8）

C 型

2 件。直口。选取标本 1 件。

20 保 Y11：52，口沿残片，盘下叠烧三件碗，通长 17.2、通宽 9 厘米。盘折腹，碗为直口、斜弧腹。均为灰胎，胎质较粗。盘釉色黑；碗有生烧现象，釉色青灰。（彩版二一：4）

## 五　高足杯

6 件。以腹部形态分二型。

A 型

5 件。深弧腹微垂，内底平直。选取标本 4 件。

20 保 Y7：20，口沿与腹部残片，残高 4、残宽 8.3 厘米。侈口。外壁近口沿处装饰旋纹六道，内壁装饰旋纹一道。胎色黄灰，胎质较粗，内含细小气孔。釉色黄绿。

20 保 Y7：21，口沿与腹部均残，残高 4.7、足径 3.6 厘米。柄足斜直，足外墙近足端处内收，内墙呈圆锥状内凹。胎色灰，内含较多细小气孔。釉色淡青灰，足内底不施釉。（图 2-13：1；彩版二二：1）

20 保 Y11：57，仅余部分腹与足，残高 6.4 厘米。弧腹，柄足，足端微外撇。杯内底所饰花纹不清晰。灰胎。釉色青绿，足内外墙均施釉。（图 2-13：2）

20 保 Y11：77，口沿与上腹残，残高 6.8、足径 4.1 厘米。弧腹，柄足，足端微外撇。内外壁各装饰旋纹一圈，内底所刻花卉纹未能辨识。灰胎，胎质较粗。釉色青绿，足内外墙均施釉，足端不施釉。（图 2-13：3；彩版二二：2）

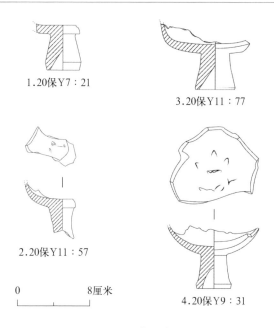

1.20保Y7∶21

3.20保Y11∶77

2.20保Y11∶57

0　　　　　　8厘米

4.20保Y9∶31

图2-13　高足杯
1~3.A型　4.B型

B型

1件。弧腹，内底呈圆弧状。

20保Y9∶31，口沿及上腹均残，残高6.8、足径3.7厘米。柄足斜直，足端微外撇，足内墙呈圆锥状内凹。杯内底所饰纹样未能辨识。胎色灰，内含细小黑色砂粒。釉色青，足端不施釉。足端留有装烧痕迹。（图2-13∶4；彩版二二∶3）

## 六　韩瓶

24件。胎壁厚重，胎质粗疏，釉色分青灰与酱黑两种，釉面多见窑变现象。选取标本6件。

20保Y10∶42，仅余瓶底和部分下腹，残高6.5、底径5.2厘米。斜直腹，平底微凹。内腹有明显拉坯痕迹。灰胎，胎质较粗。釉色青灰，有明显

流釉和窑变现象。（图2-14：1；彩版二三：1）

20 保 Y11：68，仅余部分腹与底。残高 9.5、底径 6.3 厘米。斜直腹，平底。内腹有明显拉坯痕迹。灰胎，胎质较粗。釉色青灰，釉层剥落严重。（图 2-14：2）

20 保 Y11：69，仅余部分腹，残长 6.9、残宽 5 厘米。斜直腹。灰胎。釉面有窑变现象。

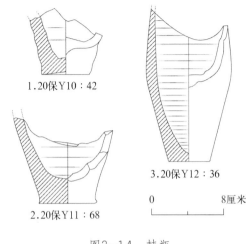

1.20保Y10：42

2.20保Y11：68

3.20保Y12：36

0　　　　　　8厘米

图2-14　韩瓶

20 保 Y12：36，口沿残，残高 16、底径 4.5 厘米。上腹微弧，下腹斜直，平底微内凹。内外壁有较多拉坯痕迹。胎色浅灰，胎质较粗，含有少量杂质。釉色淡青绿，釉层较薄且施釉不均匀，内外壁均施釉，底部无釉。（图2-14：3；彩版二三：2）

20 保 Y12：37，腹部残片。残高 14.5 厘米。上腹略弧，下腹斜直。内外壁有较多拉坯痕迹。胎色灰，含有少量黑色杂质。釉色青绿，内外壁有流釉和窑变现象。

20 保 Y12：38，腹部残片，器形较大，残高 19、残宽 16.8 厘米。上腹略弧，下腹斜直。内外壁有拉坯痕迹。胎色灰，胎质较粗，含有少量杂质及细小气孔。釉色浅青灰，有流釉现象。

## 七　研钵

8 件。以底足形态分三型。

A型

4 件。平底内凹。选取标本 2 件。

20 保 Y12：22，口沿及上腹残，残高 10.4、底径 7.8 厘米。斜腹，平底内凹。内壁划有多组呈放射状的篦纹凹槽。胎色黄褐，含少量黑色颗粒。釉色酱褐。底部留有数个泥点痕迹。

20 保 Y12：23，口沿及上腹残，留有部分口沿，高 8、口径 16、底径 5.4 厘米。唇口微敛，弧腹，平底内凹。内壁划有多组放射状篦纹凹槽。胎色灰，胎质较粗。釉色红褐。底部留有数个泥点痕迹。（图 2-15：1；彩版二四：1）

B 型

3 件。饼足。选取标本 2 件。

20 保 Y6：33，仅余部分下腹与足，残高 4.7、足径 7.2 厘米。弧腹，饼足外微凹。内壁有数组刻划纹。生烧，胎色偏红，胎质较粗。

20 保 Y11：79，口沿与上腹残，残高 3.4、足径 8.3 厘米。弧腹，饼足，足外墙有斜削痕迹。内壁有多道不规则交错篦划凹槽。胎色灰，胎质较粗。内外壁均不施釉。（图 2-15：2；彩版二四：2）

C 型

1 件。圈足。

20 保 Y11：63，仅余部分腹与足，残高 4.5、足径 6.1 厘米。弧腹，圈足外墙有斜削痕迹。内壁有多道不规则交错篦划凹槽。胎色灰，胎质较粗。内外壁均不施釉。（图 2-15：3；彩版二四：3）

口沿及腹部残片（未分型）

8 件。选取标本 2 件。

20 保 Y12：24，仅余部分口沿与腹，残高 11.7、残宽 8.7 厘米，复原口径约 28 厘米。宽平沿内凹，弧腹。外口沿下方凸起宽弦纹一道，内壁有多组深划篦纹凹槽。胎色浅黄，胎质较粗。釉色酱褐。（图 2-15：4）

20 保 Y12：31，仅余部分口沿与腹，残高 8.8、残宽 9.2 厘米，复原口径约 23.8 厘米。窄平沿，上腹微弧，下腹斜直。内壁有多组放射状深划篦纹凹槽。胎色灰，胎质较粗。釉色褐。（图 2-15：5）

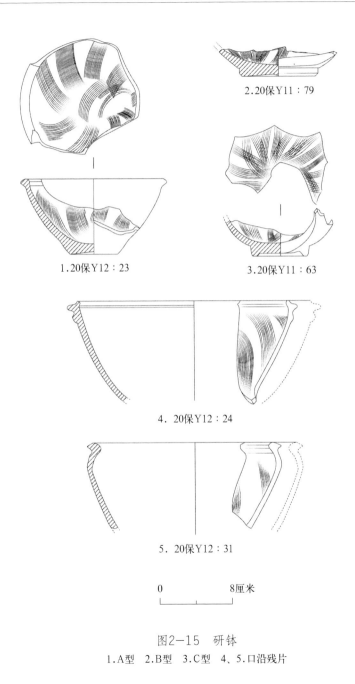

2.20保Y11：79

1.20保Y12：23

3.20保Y11：63

4．20保Y12：24

5．20保Y12：31

0　　　　　　8厘米

图2-15　研钵
1.A型　2.B型　3.C型　4、5.口沿残片

## 八 钵

42件。以口沿形态分五型。

A型

2件，窄平沿，沿口内收。

20保Y5：10，口沿残片，残长4.2、残宽2厘米。灰胎，胎质较粗，内含黑色颗粒。釉色酱褐。（图2-16：2）

20保Y12：25，仅余部分口沿与腹，残长10.2、残宽8.8厘米。浅弧腹。外壁近口沿处凸起弦纹一道。胎色灰，胎质较粗。釉色酱黑，施釉不均匀。（图2-16：1；彩版二五：1）

B型

7件，窄平沿，沿中心有明显下凹，截面呈"Y"形。选取标本1件。

20保Y12：28，口沿残片，残长11.7、残宽6.4厘米。内外壁有明显拉坯痕迹。胎色灰，胎质较粗，夹有黑色砂粒。釉色青褐，施釉不均匀，外口沿与腹部交界处有积釉现象。（图2-16：3；彩版二五：2）

C型

3件。平口，窄沿外折。选取标本2件。

20保Y3：22，口沿残片，残长8.8、残宽4厘米。窄平沿微下垂。灰胎，内含少量黑色颗粒。釉色酱褐，施釉不均匀，内壁近口沿处有流釉现象。（图2-16：4）

20保Y10：44，仅余部分口沿与腹，残长11、残宽4.4厘米。折沿微下垂，沿上有棱一道，弧腹。胎色黄，胎质疏松。釉呈酱褐色。（图2-16：5；彩版二五：3）

D型

28件。尖口，沿外翻下垂。按沿部长短分二亚型。

Da型　13件。沿部尖长，外折。选取标本3件。

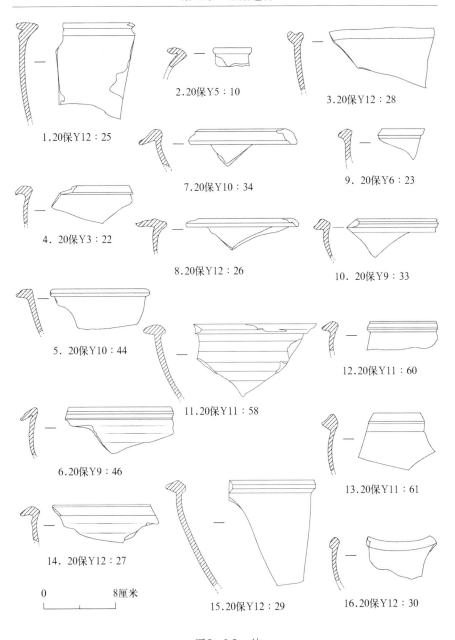

1.20保Y12：25

2.20保Y5：10

3.20保Y12：28

7.20保Y10：34

9.20保Y6：23

4.20保Y3：22

8.20保Y12：26

10.20保Y9：33

5.20保Y10：44

12.20保Y11：60

11.20保Y11：58

6.20保Y9：46

13.20保Y11：61

14.20保Y12：27

0　　　　　8厘米

15.20保Y12：29

16.20保Y12：30

图2-16　钵

1、2.A型　3.B型　4、5.C型　6~8.Da型　9~15.Db型　16.E型

20 保 Y9：34，口沿残片，残长 12、残宽 4 厘米。宽平沿微下垂，内侧口沿有一道浅凹槽。胎色黄，胎质较粗。釉色酱褐。沿上似有泥点痕迹。（图 2-16：7）

20 保 Y10：46，仅余部分口沿与腹，残长 12、残宽 5 厘米。宽沿微下垂，上腹微弧。外壁近口沿处装饰旋纹一道。灰胎，胎质较粗。釉色酱褐，施釉不均匀。（图 2-16：6；彩版二五：4）

20 保 Y12：26，仅余部分口沿，残长 11.7、残宽 3 厘米，复原口径约32 厘米。胎色黄，胎质较粗。釉色酱褐。（图 2-16：8）

**Db 型**　15 件。沿部较短，外翻略有下垂。选取标本 8 件。

20 保 Y6：23，口沿残片，残长 5、残宽 3.2 厘米。口部窄平，沿部下垂。胎色灰，胎质较粗。釉色酱黑。（图 2-16：9）

20 保 Y9：33，口沿残片，残长 10.2、残宽 4 厘米。窄平沿下垂。胎色黄，胎质较粗。胎釉结合不紧密，釉层剥落现象较严重。（图 2-16：10）

20 保 Y11：58，仅余少部分口沿与腹，残长 13.6、残宽 7.8 厘米。宽平沿，弧腹。内外腹均有多道拉坯痕迹。灰胎，胎质较粗。釉色酱褐。（图 2-16：11；彩版二五：5）

20 保 Y11：60，口沿残片，残长 7.6、残宽 3.1 厘米。平沿微折。外壁凸起弦纹一道。胎色灰。釉色酱褐。（图 2-16：12）

20 保 Y11：61，仅余部分口沿与腹，残长 8.4、残宽 5.9 厘米。窄平沿微下垂，弧腹。外腹有拉坯痕迹。胎色黄褐。釉色酱褐。（图 2-16：13；彩版二五：6）

20 保 Y11：62，口沿残片，残长 4.7、残宽 4 厘米。窄平沿微外折，弧腹。灰胎。釉色酱褐，内外壁均有流釉现象，内外壁均施釉不及底。

20 保 Y12：27，仅余部分口沿，残长 11.8、残宽 4 厘米，复原口径约30.4 厘米。口沿外翻，沿部略有下垂。上腹部装饰数道凸起弦纹。胎色黄灰。釉色酱褐。（图 2-16：14）

20 保 Y12：29，仅余部分口沿，残长 10.9、残宽 9.3 厘米。腹部斜直，窄平沿外翻，内口沿与腹部交界处有明显凹陷。胎色灰，胎质较粗。釉色黄

褐，釉层剥落情况较严重。（图2-16：15；彩版二五：7）

E型

2件。唇口。选取标本1件。

20保Y12：30，口沿残片，残长8、残宽4.5厘米，复原口径约14.8厘米。唇口微下折，弧腹。胎色红褐，胎质较粗。釉色酱褐。（图2-16：16；彩版二六：1）

## 九　盆

38件。以口沿形态分四型。

A型

1件。圆口，沿部短窄，接近唇口状态。

20保Y12：45，口沿残片。残长8、残宽7.4厘米。圆唇微下垂，上腹斜直。外壁近口沿处饰凸起鼓钉纹，鼓钉纹上方饰旋纹一道。浅灰胎，胎质较粗。釉色酱黑，施釉不均匀。（图2-17：1；彩版二六：2）

B型

12件。圆口，口沿略有内收后向外平折，沿部圆润。选取标本1件。

20保Y12：44，口沿残片。残长16、残宽6.5厘米，复原口径约32厘米。厚圆唇，宽平沿微下垂。腹部有多道拉坯痕迹。胎色浅灰，胎质较粗。釉色酱褐，施釉不均匀，釉面有窑变现象。（图2-17：2）

C型

24件。平沿，沿部中心略有下凹，沿部与腹部交界处明显内凹，外壁近口沿处有凸棱一道。选取标本1件。

20保Y12：46，口沿残片。残长18.1、残宽8厘米，复原口径约55厘米。平沿，沿部中心略下凹，浅弧腹。外壁近口沿处有凸棱一道，腹部有多道拉坯痕迹。浅灰胎，胎质较粗。釉色酱黑，施釉不均匀。口沿上部粘有泥点痕迹。（图2-17：3）

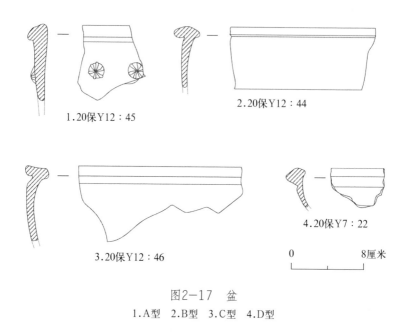

1.20保Y12：45

2.20保Y12：44

3.20保Y12：46

4.20保Y7：22

0　　　　　　8厘米

图2-17　盆
1.A型　2.B型　3.C型　4.D型

D型

1件。圆口短沿，沿部略有下垂，沿端尖圆。

20保Y7：22，口沿残片，残长6、残宽4厘米。口沿内侧有凹槽一道，外口沿与腹部交界处有凹槽一道。胎色红褐，胎质较粗，内含细小黑色颗粒。釉色酱褐。（图2-17：4）

## 十　坛

7件。以口沿形态分三型。

A型

3件。宽平沿，近口部凸起一平台，腹部内收。选取标本2件。

20保Y12：52，口沿残片，残长8.2、残宽8厘米。口沿处呈双重平台状，短束颈，折肩，上腹斜直。灰胎，胎质较粗。釉色酱黑，施釉不均匀。

（图2-18：2；彩版二六：3）

20 保 Y12：53，口沿残片，残长 18.6、残宽 3.2 厘米，复原口径约 41.2 厘米。口沿处呈双重平台状，内口沿与腹部交界处有一凹槽。灰胎，胎质较粗。釉色酱褐，施釉不均匀。口沿留有两个泥点痕迹。（图2-18：1）

B型

2 件。圆口，窄沿，口与沿连接处有明显下垂，形成阶梯状平台。

20 保 Y3：25，口沿残片，残长 10、残宽 5.2 厘米。宽沿微下垂，略呈二层台状。胎色红褐，内含较少细小气孔。釉色酱褐，口沿处有刮釉现象。（图2-18：3）

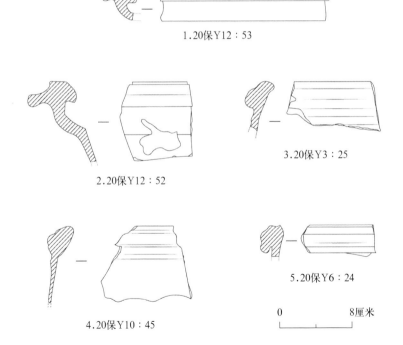

1. 20保Y12：53

2. 20保Y12：52

3. 20保Y3：25

4. 20保Y10：45

5. 20保Y6：24

0　　　　　　　　8厘米

图2-18　坛
1、2.A型　3、4.B型　5.C型

20 保 Y10：45，仅余部分口沿与腹，残长 10、残宽 8 厘米。宽平沿微垂，略呈二层台状。外壁近口沿处有旋纹两道，外壁划有细密线条，内壁有数组篦划纹。胎色黄，胎质疏松。釉色酱褐。（图 2-18：4；彩版二六：4）

C 型

2 件。窄平沿，平沿内侧作凹槽。

20 保 Y6：24，口沿残片，残长 8.1、残宽 3.2 厘米。平沿，沿端下垂，沿内侧有一道凹槽。胎色灰，内含细小黑色颗粒。釉色淡青灰，釉层剥落现象较严重。（图 2-18：5；彩版二七：1）

20 保 Y6：25，口沿残片，残长 8.7、残宽 2.8 厘米。宽平沿，沿端圆润，沿部有两道凹槽。胎色红褐，内含细小黑色颗粒。釉色酱褐。

# 十一　缸

2 件。仅见腹部残片，腹径大，胎壁明显厚于已见其他标本。

20 保 Y11：64，仅余部分腹，残长 7.5、残宽 6.3 厘米。斜直腹，平底。内壁有拉坯痕。浅灰胎，胎质较粗。釉色酱褐，施釉不均匀，外壁施釉不及底。（彩版二七：2）

20 保 Y11：65，仅余部分腹，残长 14.9、残宽 8.3 厘米。斜直腹。内外壁均有拉坯痕迹。胎色黄褐，胎质较粗。釉色酱褐，内壁不施釉。

# 十二　罐

58 件。以器底形态分二型。

A 型

6 件。平底。选取标本 3 件。

20 保 Y6：22，仅余部分下腹与底，残高 3.2、底径 7.1 厘米。内壁近底处有明显拉坯痕迹。胎色灰，胎质较粗。釉色酱褐，外壁施釉不及底。底部有泥饼痕迹。（图 2-19：1；彩版二七：3）

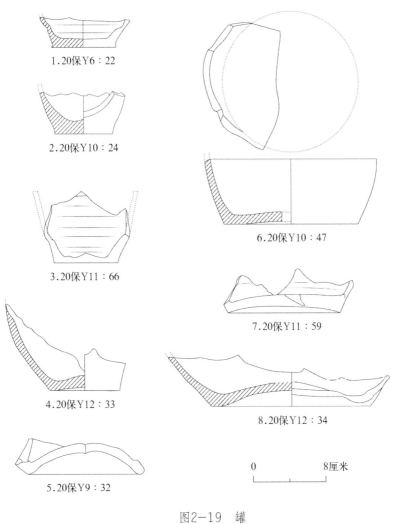

1.20保Y6：22

2.20保Y10：24

3.20保Y11：66

4.20保Y12：33

5.20保Y9：32

6.20保Y10：47

7.20保Y11：59

8.20保Y12：34

0　　　　　　　8厘米

图2-19　罐
1~3.A型　4.Ba型　5~8.Bb型

　　20保Y10：24，口沿及上腹残，残高4.4、底径6.4厘米。内壁有拉坯痕迹。胎色灰，胎质较粗。釉层剥落现象极为严重。（图2-19：2）

　　20保Y11：66，仅余部分腹与底，残高7.6、底径7厘米。斜弧腹。内

壁有明显拉坯痕迹。胎色黄褐，胎质较粗。釉色酱褐，外壁施釉不及底。(图2-19：3)

B型

52件。平底内凹。以底径大小再分二亚型。

Ba型　9件。底径较小。选取标本2件。

20保Y12：32，仅剩部分腹与底，残高7.9、底径6.2厘米。斜弧腹，平底微凹。内外壁留有多道拉坯痕。胎色灰，胎中夹有黑色砂粒。釉色酱黑，外壁施釉不及底。(彩版二八：1)

20保Y12：33，仅剩部分腹与底，残高9、底径7.8厘米。下腹斜弧，平底微内凹。内壁有多道拉坯痕。胎色灰，胎质较粗。釉色灰青，内有较多杂质，外壁施釉不及底。(图2-19：4；彩版二八：2)

Bb型　43件。底径较大，器壁较厚。选取标本5件。

20保Y9：32，底部残片。残高4、底径14厘米。下腹斜直，平底内凹明显。胎色浅黄灰，胎质较粗，内含细小颗粒。釉色酱褐，外底不施釉。(图2-19：5)

20保Y10：47，余部分器底和下腹，残高6.8、底径14.8厘米。平底微凹。胎色红褐。釉色酱褐，外壁施釉不及底。(图2-19：6)

20保Y11：59，仅余部分腹与底，残高4.8、底径12.8厘米。平底内凹。内壁有拉坯痕迹。胎色红褐，胎质疏松、夹砂。内壁釉色酱褐，外壁施釉不及底。(图2-19：7)

20保Y12：34，底部残片，残高5.8、底径17.6厘米。下腹斜直，平底内凹。胎色灰，胎质较粗。釉色酱褐，表面施釉不均匀。外壁粘连其他器物。(图2-19：8；彩版二八：3)

20保Y12：35，底部残片，残高7、底径25厘米。下腹斜直，平底内凹。胎色灰，胎质较粗，内含细小颗粒。釉色酱褐，施釉不均匀，釉面有窑变现象。(彩版二八：4)

口沿及腹部残片（未分型）

2件。选取标本1件。

20保Y8：17，腹部残片，残长7.6、残宽6.5厘米。外壁凸起棱柱一道。灰胎，胎质较粗。釉色酱褐。

## 十三　壶

21件。以肩部形态分二型。

A型

15件。溜肩。选取标本2件。

20保Y11：71，仅余部分口沿、颈与腹，残高5.6、口径8.2厘米。侈口，方唇，颈部斜直，上腹装饰弦纹一道。灰胎，胎质较粗。釉色青灰，施釉不均匀。（图2-20：1；彩版二九：1）

20保Y12：48，口沿残片。残高2.5、口径6.8厘米。侈口，短颈，肩部带系。灰胎，胎质较粗。釉色泛青，施釉不均匀，釉面有窑变现象。

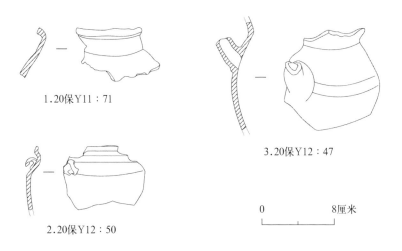

1.20保Y11：71

3.20保Y12：47

2.20保Y12：50

0　　　　　　8厘米

图2-20　壶

1.A型　2.Ba型　3.Bb型

B型

6件。折肩。按腹部形态再分二亚型。

Ba型　5件。直腹。选取标本3件。

20保Y12：49，腹部残片。残长10.3、残宽8.7厘米。短颈，肩部带鋬，直腹。内外壁有多道拉坯痕迹。胎色灰，胎质较粗。釉色酱褐，施釉不均匀。

20保Y12：50，口沿残片。残长8.9、残宽6.6厘米。微敛口，圆唇，短颈，肩部带系，直腹。颈部装饰旋纹数道。灰胎，胎质较粗。釉色浅褐，施釉不均匀。（图2-20：2；彩版二九：2）

20保Y12：51，颈部残片。残长8.5、残宽6厘米。短颈，直腹。胎色黄，胎质较粗。釉色淡青黄。（彩版二九：3）

Bb型　1件。鼓腹。

20保Y12：47，腹部残片。残长11.5、残宽10.8厘米。束颈，溜肩，腹部带流。腹部有拉坯痕迹。灰胎，胎质较粗。釉色酱黑，施釉不均匀，内壁有流釉现象。（图2-20：3；彩版二九：4）

## 十四　其他器物

1.鋬

3件。

20保Y12：39，残片，残长4、残宽4厘米。胎色灰，胎质较粗。釉色酱黑，施釉不均匀，有窑变现象。

20保Y12：40，残片，残长4.8、残宽3厘米。外壁装饰旋纹三道。胎色灰，釉色酱褐。内外壁均施釉，施釉不均匀。

20保Y12：41，残片，残长5.3、残宽5厘米。外壁装饰旋纹多道。胎色灰，胎质较粗，含有较多黑色砂粒。釉色酱褐，内外壁均施釉，釉面有窑变现象。

2.灯

1件。

20 保 Y12：42，残件，残高 11.4 厘米。胎色灰黄，内含少量黑色颗粒，胎质较粗。釉色酱褐，施釉不均匀，釉面有窑变现象。（图 2-21：1；彩版三〇：1）

3.急须

1件。

20 保 Y12：43，柄部残件，残高 5.7、柄径 1.6 厘米。柄头呈浅盘口状，柄头中心有孔，柄尾与部分器身残片相连。灰胎，胎质较粗。釉色酱褐，施釉不均匀。（图 2-21：2；彩版三〇：2）

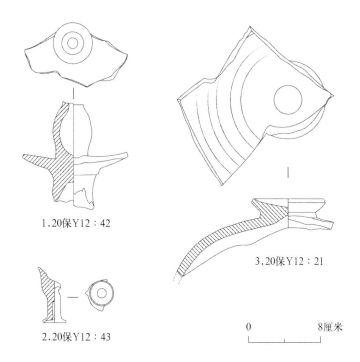

1.20保Y12：42

2.20保Y12：43

3.20保Y12：21

0　　　　　　8厘米

图2-21　其他器物
1.灯　2.急须　3.器盖

4.器盖

1件。

20 保 Y12：21，口沿及上腹残，残高 8、纽径 8 厘米。斜腹，下腹略垂，饼足外斜，足底内凹，足外墙斜削一圈。生烧，胎色黄灰，胎质较粗。（图 2-21：3；彩版三〇：3）

5.瓦片

4件。选取标本 1 件。

20 保 Y12：57，残片，残长 13.2、残宽 9.5 厘米。表面拍印细密布纹。白胎，胎质较粗。（彩版三〇：4）

# 十五　窑具

1.匣钵

86件。均为 M 形匣钵。选取标本 9 件。

20 保 Y1：14，残片，胎色偏黄，夹有较多砂粒。器表有流釉现象，釉面有明显窑变。

20 保 Y1：15，残片。胎色偏黄，夹有较多砂粒。器表见有从别处滴落、呈垂挂状的积釉一处。

20 保 Y2：9，仅余部分壁与顶，残高 10 厘米。胎色偏黄，胎质较粗，夹有砂粒。

20 保 Y3：23，残片，残高 4.2、残宽 6.5 厘米。胎质疏松，内含粗大黑色颗粒。匣钵粘有青釉器物残片。

20 保 Y5：12，残片，高 9.5、残宽 10 厘米。胎色黄褐，胎质较粗，含有较大砂粒。器表见有从别处滴落、呈垂挂状的积釉一处。

20 保 Y7：23，残片，残高 5.4、残宽 7.6 厘米。胎质较粗，内含粗大黑色颗粒。器表见有从别处滴落、呈垂挂状的积釉一处，积釉部分有窑变现象。

20 保 Y8：18，顶部部分残，高 10、顶径 25、底径 23 厘米。凹面曲弧，腹部内折。陶胎，胎质较粗。

20 保 Y9：35，残片，残长 13、残宽 10.2 厘米。胎质较粗，内含较多粗大黑色颗粒。内壁见积釉一处。

20 保 Y10：54，部分顶与壁残，残高 9.6 厘米，复原顶径约 24 厘米。顶面内凹，腹壁内弧，剖面略呈 M 形。胎色黄褐，胎质较粗，内含大量粗大黑色颗粒。（图 2-22：1）

### 2.泥饼

73 件。选取标本 9 件。

20 保 Y1：16，高 2.4 厘米。胎色偏黄，夹有砂粒。

20 保 Y3：24，高 1.4、直径 5 厘米。饼状。陶胎。

20 保 Y4：24，高 1、直径 4 厘米。胎色偏红，胎质粗疏。

20 保 Y5：13，高 1、直径 5.2 厘米。陶胎，胎质较粗，内含较多粗大颗粒。

20 保 Y6：28，高 1.2、直径 4.5 厘米。陶胎，胎质较粗。

20 保 Y7：24，高 2.4、直径 5.2 厘米。陶胎，胎质较粗。

20 保 Y8：21，高 1.4、直径 4.3 厘米。陶胎，胎质较粗。

20 保 Y9：36，高 2、直径 4.3 厘米。陶胎，胎质疏松，含有较多颗粒。

20 保 Y11：72，高 2.5、直径 3.4 厘米。胎色黄，胎质较粗，内含较多粗大黑色颗粒。（彩版三一：1）

### 3.垫具

2 件。

20 保 Y3：26，垫圈，高 1.4、直径 4 厘米。环形。

20 保 Y11：81，垫饼，部分口沿残，高 2.4、口径 7.2、底径 2.4 厘米。盘口，斜腹，饼足，足底内收，剖面略呈"T"形。灰胎。（图 2-22：2；彩版三一：2）

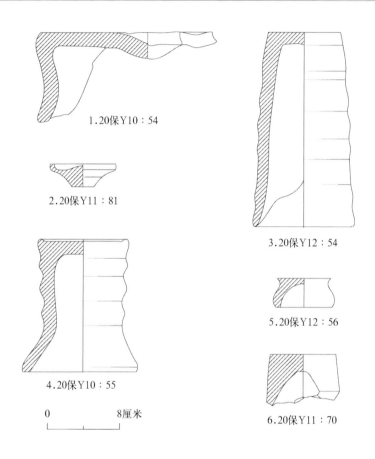

图2-22　窑具

1.匣钵　2.垫具　3~5.支具　6.轴顶碗

## 4.支具

21件。选取标本4件。

20保Y11：67，残片，残高11.8、直径13.6厘米。胎色灰，胎质疏松，夹砂粒。外壁见薄薄的一层釉面，应为自然形成。

20保Y12：54，二分之一残，高20.6厘米，顶径8.2厘米。平顶，上部呈圆柱状并有多道拉坯痕迹，底部微外敞。灰胎。外壁见薄薄的一层釉面，

或为自然落灰形成。顶部有器物支烧痕迹。（图2-22：3）

20保Y12：55，二分之一残，高14、顶径10、底径12.4厘米。平顶，上半部呈圆柱状并有多道拉坯痕迹，底部外撇。浅灰胎，胎质较粗。外壁见薄而不均的一层釉面，或为自然落灰形成。（图2-22：4；彩版三一：3）

20保Y12：56，高3.2、顶径5.7、底径6.2厘米。平顶，底部有凹窝。胎色红褐。顶部有器物垫烧痕迹。（图2-22：5；彩版三一：4）

5.轴顶碗

1件。

20保Y11：70，二分之一残。残高5.4、顶径7.2厘米。平顶，直腹，呈矮圆柱形，底部呈圆锥状内凹。生烧，胎质较粗。内壁施釉，釉烧结程度较差。（图2-22：6；彩版三一：5）

# 第三章 器物类型学分析与年代推测

本次调查所获器物标本均采集自地表及表土层下，缺少明确的地层叠压关系。因此，在未见原生地层的情况下，本章拟以采集遗物的类型学分析为基础，参考龙泉窑周边窑址的器物出土情况及相关纪年材料，试析器物的形制演变规律，并确定保定村窑群内各窑址的生产年代。

## 第一节 器物类型学分析

按统计结果，调查所采集的绝大多数遗物为碗，占标本总数的 70% 以上，且出现于所有窑址。考虑到标本的丰富程度及全面性，此节主要对碗进行类型学分析，以初步建立年代框架及各窑址的生产年代序列。

碗共分四型，A、B、C 型为典型的龙泉窑风格产品，施青釉；D 型制作粗率，应为专供地方的普通生活器皿，黑釉、青釉产品均有。（表 3-1）

A 型碗垂腹、窄圈足，足径大且挖足较浅，足外墙见旋削痕迹，内腹与内底间均见明显交界痕，内壁饰多道双线 "S" 形纹，整体产品风格与龙泉东区一型Ⅷ式碗[1]、金村第三期敞口碗[2]、龙泉青瓷博物馆"开禧"款碗接近。依据考古报告及纪年墨书，此类型器物的年代当在南宋中晚期。类似器形及装饰风格的龙泉窑产品亦见于扬州城文化宫[3]、富阳泗州宋代造

---

[1] 浙江省文物管理委员会：《浙江省龙泉东区青瓷窑址调查报告》，浙江省文物考古研究所编《浙江省文物考古研究所学刊（第七辑）》，杭州：杭州出版社，2005年，第496～505页。

[2] 第三期出土的敞口碗（TG2②b：4）与龙泉青瓷博物馆馆藏一件龙泉青瓷碗特征一致，该件碗外底墨书"开禧"款（1205～1207年）。

[3] 标本YWG4②：8。见中国社会科学院考古研究所等：《扬州城——1987～1998年考古发掘报告》，北京：文物出版社，2010年，第188页。

表3-1　碗类器物型式演化表

| 时期 | A型 | B型 | | C型 | | D型 | |
|---|---|---|---|---|---|---|---|
| | | Ba型 | Bb型 | Ca型 | Cb型 | Da型 | Db型 |
| 南宋中期 | 20保Y11：2 | | 20保Y6：32 | | | | |
| 南宋晚期 | 20保Y12：13　20保Y12：58 | 20保Y11：3　20保Y11：1 | 20保Y12：13　20保Y12：59 | | | | |
| 元早期 | | | | 20保Y10：5 | | 20保Y11：73 | |
| 元中期 | | | | 20保Y8：1　Ca型Ⅰ式 | 20保Y3：14　Cb型Ⅰ式 | 20保Y11：4 | 20保Y9：1 |
| 元晚期 | | | | 20保Y8：12　Ca型Ⅱ式 | 20保Y4：23　Cb型Ⅱ式 | | 20保Y12：1 |

纸遗址[1] 及日本太宰府遗址，末者的发掘报告显示此类碗在博多区域的流行时间大致在 1150～1230 年[2]，恰印证前述年代推测。

　　B 型碗按腹部形态分三亚型。Ba 型碗见"金玉满堂"文字装饰，且具有垂腹、窄圈足的器物形态，内腹与内底交界处又见明显分界痕迹，诸多产品特征与 A 型碗相近，与龙泉东区"金玉满堂"Ⅰ式及Ⅱ式碗风格相同。后者的流行年代为南宋中晚期，表明 Ba 型碗与 A 型碗的流行时代大致相近。Bb 型碗仅见于 Y6 与 Y12，其中 Y12 所出该类型标本的胎釉特征与同出的 A 型碗（20 保 Y12：13）几近一致，说明此型碗与 A 型碗大致同期，即生产于南宋中晚期。需要注意的是，A 型碗均为泥饼单件填烧，而 Ba 型、Bb 型碗的碗心及足端均留下了泥点间隔、多件叠烧的痕迹。按照龙泉窑核心区域器物装烧工艺的演变规律，Ba 型碗及 Bb 型碗的上限可能略晚于 A 型碗。Bc 型碗在本次调查中仅采集到一件，器足内底心尖凸，为典型的元代产品。

　　C 型碗在本次调查的各个窑址中均有发现，为采集遗物的大宗。按器物装烧工艺，其可再分亚型，即以泥饼填烧、泥点间隔方式装烧的器物为 Ca 型，以碗心蘸釉、刮釉形成涩圈、涩饼的器物为 Cb 型。各亚型中再以圈足外墙是否留有旋削痕迹分为Ⅰ式、Ⅱ式。关于 C 型碗年代先后的判断如下：

　　首先，按目前考古研究成果，侈口、弧腹、窄圈足且碗心装饰一主体纹样的 C 型碗为典型的元代产品。此判断可通过新安沉船[3]、福建大练岛沉船[4]、上海青浦塘郁码头遗址[5]、江苏太仓樊村泾码头遗址[6]、内蒙古集宁路

[1]　该遗址二层出土 T2②：10、12。见杭州市文物考古所等：《富阳泗州宋代造纸遗址》，北京：文物出版社，2012 年，第 57 页。

[2]　（日）日本大宰府市教育委员会：《大宰府条坊跡ⅩⅤ·陶瓷器分类编（大宰府市の文化财第 49 集）》，福冈：秀巧社株式会社，2000 年。

[3]　韩国文化财厅、国立海洋遗物展示馆：《新安沉船（第二册）》，2006 年。

[4]　中国国家博物馆水下考古研究中心等：《福建平潭大练岛元代沉船遗址》，北京：科学出版社，2014 年。

[5]　上海博物馆考古研究部：《上海青浦区塘郁元明时期码头遗址》，《考古》2002 年第 10 期，第 64～75 页。

[6]　苏州市文物考古研究所、太仓博物馆：《大元·仓——太仓樊村泾元代遗址出土瓷器精粹》，上海：上海古籍出版社，2018 年。

古城遗址[1]、江苏丹徒元代窖藏[2]、江西高安元代窖藏[3]等遗址出土的同类龙泉青瓷碗得到确证。由此，前文所述 A 型、Ba 型、Bb 型南宋中晚期碗为采集标本中生产年代最早的一批龙泉窑风格器物，整体流行年代及上限早于 C 型碗。

其次，Ca 型碗与 A 型、Ba 型、Bb 型碗使用了同一类装烧工艺，应为南宋时期窑业技术的延续，则 Ca 型碗的生产上限可大致推断为宋末元初。

而 A 型、Ba 型、Bb 型碗仅见于 Y6、Y7、Y11、Y12，显示此四处窑址的生产年代上限相对较早，可视作保定窑窑业范围内的早期窑址。而 Y7、Y11、Y12 发现大量 Ca 型碗却仅见两例 Cb 型碗的事实，则再次证实涩圈叠烧工艺出现更晚，表明 Cb 型碗的生产上限及整体生产年代晚于 Ca 型碗。

在此基础上，足端平直、足墙略高的 II 式碗更多地采用了碗心露胎的叠烧工艺，并完全不见于前述除 Y6 外的早期窑址。而 Y7、Y11、Y12 等早期窑址所采集的碗类遗物足端均呈圆弧状，两例使用涩圈叠烧工艺、生产下限更晚的 Cb 型碗足墙仍有旋削一周的痕迹，具备 I 式特征。因此，足端平直、不做任何处理的 II 式碗底足形态的出现，要晚于保定窑开始采用涩圈叠烧工艺的时间节点。

至此，涩圈工艺在保定窑的出现时间成为分期的关键。依据大窑枫洞岩窑址考古报告[4]，第二期器物如 A 型 III 式碗开始使用器底刮釉垫烧的工艺，其生产时间大约在元代中晚期。再根据纪年材料，如北京吕家窑铁可

---

[1]　陈永志：《内蒙古集宁路古城遗址出土瓷器》，北京：文物出版社，2004年。

[2]　刘兴：《江苏丹徒元代窖藏瓷器》，《文物》1982年第2期，第25～27页。

[3]　a. 刘裕黑、熊琳：《高安县发现一批元代窖藏瓷器》，《江西历史文物》，1981年第4期，第16～22页。
　　b. 刘裕黑、熊琳：《关于高安元瓷窖藏的几个问题》，《江西文物》1990年第2期，第49～53页。
　　c. 刘金成：《高安元代窖藏瓷器》，北京：朝华出版社，2006年。

[4]　浙江省文物考古研究所、北京大学考古文博学院、龙泉青瓷博物馆：《龙泉大窑枫洞岩窑址》，北京：文物出版社，2015年，第546页。

墓( 1313 年 )[1]、河北省石家庄市后太保史氏墓( 1316 年 )[2]、河北省灵寿县元至治二年夫妇合葬墓( 1320 年 )[3] 等墓葬遗址开始出现涩圈露胎的龙泉窑产品，佐证了该项技术大致出现于 14 世纪初。虽然保定窑位于龙泉窑窑业辐射区域的外围，技术更新的速度未必与核心窑场保持一致，但采用涩圈叠烧技术的时间也不会延后太久，故其上限大致在元中期的判断是可信的，则 Cb 型 I 式碗的生产上限为元中期。II 式碗生产年代整体更晚，应主要生产于元晚期。

D 型碗普遍呈直口、弧腹微垂、宽圈足的造型，底足足径大而足墙低矮，挖足亦浅。产品胎质粗疏，釉色酱黑、酱褐、青褐均有，外壁施釉多不及底。一般多件叠烧，底层器物见泥饼填烧痕迹，上层器皿则使用泥点相互间隔，整体制作粗率，与传统龙泉窑风格的青釉瓷器存在差距，显然属于供应周边地区的本土生活用品。此类产品主要发现于 Y11 与 Y12 等早期窑址，其直口垂腹的器形及碗内底旋修一圈呈微微凸起状的特征，与 A 型碗等南宋中晚期产品具有相近之处，表明其流行时代可能相距不远。综合上述 A、B、C 三型碗的特征，由于 A 型、B 型碗中生产时间可早迄南宋中期的产品较少，加之与 Ca 型 I 式产品存在工艺互动的可能，则 Da 型碗的生产上限定为南宋晚期较为合理。由于 Y9、Y10、Y12 三处窑址见有零星 Db 型碗，且 Y10 同时见有 Da 型、Db 型碗，则二者生产下限均可推至涩圈工艺出现的元中期。

其余器形的产品数量较少。盘、高足杯仍见龙泉窑风格，均呈现典型的元代特征，无法对年代序列做出补充。而盏、韩瓶、钵、盆、坛、罐、缸、壶等多为粗器，在缺少层位关系及纪年材料的情况下，难以建立合适的断代标准，故暂纳入以碗建立的年代框架之中。

[1] 北京市文物研究所：《元铁可父子墓和张弘纲墓》，《考古学报》1986年第1期，第95~114页。

[2] 河北省文物研究所：《石家庄市后太保元代史氏墓群发掘简报》，《文物》1996年第9期，第47~57页。

[3] 穆青、穆俏言：《河北出土的元明龙泉窑瓷器》，中国古陶瓷学会编《中国古陶瓷研究——龙泉窑研究》，北京：故宫出版社，2011年，第279~289页。

## 第二节　窑址生产年代推测

由于保定村范围内各处窑址所产器皿的胎釉、器形、装饰、装烧工艺等特征均指向了共同的窑业生产传统及发展脉络，因此能够通过对产品情况的比对确定各窑址大致的生产时段。

Y1 仅采集到碗、盘两类器形，绝大多数为 Ca 型 I 式碗，且未发现任何南宋时期的标型器，表明其生产上限为元早期；Cb 型 II 式碗的出现则将其下限推至元晚期。采集标本中，大部分器物外口沿处见多重弦纹构成的"五线谱"纹、腹部见刻划莲瓣纹，皆为流行于元代中晚期的典型纹样，表明该窑址主要的烧造时间可能在元中晚期。

Y2 产品情况与 Y1 相近，虽然不见采用涩圈叠烧的产品，但考虑到采集样本数量有限，加之有 Ca 型 II 式碗出现，推测该窑址可能延烧至元晚期。

Y3 与 Y4 采集结果相似，除零星的坛等器形外，仅见碗类产品。采用涩圈叠烧的碗数量最多，且 II 式碗居多，表明 Y4 烧造上限虽然可至元早期，但盛烧时间当在元晚期。Y4 见一类有一定数量的唇口碗口沿残片，胎釉风格与 C 型碗相近。由于标本多已残损，已见的 C 型碗中亦未见唇口，故此类残件所对应的具体器形仍属未知。此种口沿多见于 Y4 这一晚期窑址，很可能是新出现的一类器形。而相较于其他窑址，Y4 产品的装饰纹样更显简易，碗心虽仍然多见主体纹样，但内外壁少见辅助纹样。综上，考虑到 II 式碗在同类器中的占比远大于其他窑址，Y4 应当是保定村窑址群中生产年代最晚的一处。

Y5 采集品的情况与 Y1、Y2 相近，绝大多数为具有龙泉窑风格的窄圈足碗，且以 Ca 型 I 式碗为多，显示其窑址生产上限约为元早期。由于 Y5 亦见有 Ca 型 II 式碗与 Cb 型 II 式碗，说明该窑应延烧至元晚期前后。另外，窑址中发现的 Ca 型碗大多使用泥饼填烧的工艺单件装烧，少数见多件叠烧、泥点间隔的装烧痕迹；采集器物中不见黑釉、青灰釉粗器；涩圈叠烧类产品中可见碗心刮釉区域内装饰莲纹。这些迹象表明该窑址可能更专注于生产一类精制产品。

　　Y6所见遗物绝大多数为具有元代特征的C型碗，但Bb型碗的出现将其生产上限推至南宋晚期，下限则由相当数量的Ⅱ式碗推断为元晚期。Y4新见的侈口方唇残片在Y6也有发现，其特征为灰胎、胎质粗疏、釉色不均且多生烧现象，但同样无法确定其对应的具体器形。装饰纹样方面，与Ca型碗相比，Cb型极少见装饰于碗心、内壁的主体及辅助纹样。

　　Y7遗物几乎仅见Ca型Ⅰ式碗，所见零星Ba型、Da型碗为南宋晚期延续至元早期的产品，显示这处窑址的烧造时间延续不长，集中于元早期。值得注意的是，部分未能识别器形的口沿标本及器壁残片中见有元代典型"五线谱"纹，并存在与外壁莲瓣纹组合出现的情况。据龙泉东区发掘报告，此类纹样的流行时间大致为元中期至元晚期。本次调查之外曾有考古工作者于Y7采集到Cb型Ⅰ式碗[1]，故Y7的生产下限定为元中期更为稳妥。

　　Y8采集标本仅见碗、罐两类器形，且产品整体的器形变化特征相近，说明该窑的烧造时段相对集中，应为大宗产品Ca型Ⅰ式碗所指向的元早期。关于窑址生产上限，虽Y8见有四例流行时间可早迄南宋晚期的Da型碗，然而数量的稀少程度意味着此类器形并非该窑的主流产品，可能已处于生产的衰落阶段，因此窑址整体的生产上限仍应为元早期。Ⅱ式碗的出现则表明其生产下限可至元晚期。

　　Y9主要生产两类产品，即一类制作粗糙、胎质粗疏、施釉随意、多见生烧现象的粗器，如Db型碗、C型盏及相当数量的罐、盆、钵器类等；一类制作相对精良、胎质较细、足端不施釉、泥饼填烧、泥点间隔的精制产品，如Ca型Ⅰ式碗。由于窑址不见典型南宋风格的器物，加之D型碗数量稀少，显示处于生产的衰落阶段，故Y9上限仅能定至元早期。同时，该窑址出现了涩圈叠烧类产品、"五线谱"纹及高足杯等具有断代意义的器物特征或造型，显示其生产主要集中于元代，且下限早于Ⅱ式碗出现的年代，即元中期。装饰纹样方面，Y9产品中内壁辅助纹样的出现频率明显增高，如曲线纹与篦纹构成的组合纹样，但此种现象无明确的断代意义。

---

[1]　丽水市莲都区文物保护管理所内部资料。

　　Y10 与 Y9 产品面貌相似，同以 Ca 型 I 式碗为大宗，但 Y10 有相当数量年代上限可迄南宋晚期的 D 型碗，又见有主要流行于 Y11、Y12 的韩瓶，而 Y11、Y12 的生产时间可前抵南宋中期，则 Y10 实际的生产上限可突破元早期，应始烧于南宋晚期。同时，Y10 见有采用涩圈叠烧工艺的 Cb 型、Db 型碗，将窑址生产下限延至元中期。器形之外，该窑址产品的装饰中仅见极少量近似"五线谱"纹的口沿边饰。此种纹样主要流行于元中期，其在 Y10 的相对缺位，佐证该窑址主要的烧造时间在元早期，至元中期已进入衰落阶段。

　　Y11、Y12 采集的 A 型碗为本次调查中生产年代最早的产品，可将保定窑整体的生产上限推至南宋中期。其中，Y11 除大量生产 Ca 型 I 式碗外，还大量生产 Da 型碗，表明其窑业兴盛期大致在南宋晚期。此外，Y11 中几乎不见使用涩圈工艺叠烧的产品，显示其在元中期前即已停烧。采集的 C 型碗外壁未见"五线谱"纹等主要流行于元中期以后的口沿边饰，亦从侧面证明 Y11 生产下限为元早期。

　　Y12 采集有碗、盘、盏、韩瓶、壶、钵、坛、罐、灯、急须等丰富器形。上限确定的情况下，该窑址发现有零星涩圈叠烧类产品，加之不见 II 式产品，表明其大约在元中期即已停烧。除碗外，该窑址产品多为釉色酱褐或青褐、釉层乳浊见窑变现象的一类粗制器皿，近似风格的产品见于金华铁店窑、黄岩沙埠窑元代产品。

　　仅就本次调查结果，综合上述各窑址的年代推测，保定窑的整体烧造年代为南宋中期至元末。鉴于 Y4 等晚期窑址的盛烧期已进入元晚期，加之以往考古工作曾见明代遗存、遗物的情况，保定窑延烧年代极有可能进入明代。虽然本次调查中未见具有典型明代特征的器皿，但不排除部分明早期产品混入元晚期器物而未得到有效识别的情况，故暂将整体生产时段截至元代。（表 3-2）

　　此外，由于窑炉具有一定的使用年限，加之制作工坊附近的胎土、水源及燃料等资源变化导致的区位条件变动，已有生产传统的地方窑业在不同时段内往往会在一定的区域重新选址、新建窑炉，直至地方窑业整体衰落。而

表3-2　窑址生产年代表

| 窑址名称 | 南宋中期 | 南宋晚期 | 元早期 | 元中期 | 元晚期 | 明代 |
|---|---|---|---|---|---|---|
| Y1 |  |  | ▨ | ▨ |  |  |
| Y2 |  |  |  | ▨ |  |  |
| Y3 |  |  |  |  | ▨ |  |
| Y4 |  |  |  |  | ■ |  |
| Y5 |  |  |  | ▨ | ▨ |  |
| Y6 |  |  | ▨ |  | ▨ |  |
| Y7 |  |  | ▨ |  |  |  |
| Y8 |  |  | ▨ |  |  |  |
| Y9 |  |  | ▨ |  |  |  |
| Y10 |  |  | ▨ |  |  |  |
| Y11 | ▨ | ▨ | ▨ |  |  |  |
| Y12 |  | ▨ | ▨ |  |  |  |

注：柱状深浅程度代表此期产品在采集标本总数中出现的频率高低，对应各窑址此期的生产规模，颜色深者意味盛烧时期。

这些窑业一经废弃，经过长久的埋藏及扰动，则会在当前的考古发现中呈现同一生产传统的瓷窑址在一定区域内移动的现象。目前来看，保定村窑址群的早期窑址集中分布在村西北方后窑区域，即通济堰储水堰塘洪塘的西侧。此后，窑业中心在宋末元初向水尾区域转移，并最终进入保定村中心区域。

# 第四章 器物纹样

丽水保定窑址采集遗物的装饰手法主要有刻划花、印花两类，多见于龙泉窑风格的产品之上。就目前所见，南宋时期的器物装饰风格更为简约——碗心有变体莲纹的刻划装饰，内壁流行等分式的出筋装饰，外壁则饰有浮雕质感的多重莲瓣。元代产品中，各类纹样主要出现于器物的内底心、内外壁及外口沿处，其中饰于器物内底心的主体纹样以莲纹为大宗，其余常见刻划、压印成形的花卉、动物、文字装饰；内壁多在主纹之外刻划曲线纹与篦纹构成的辅助装饰；外口沿处常见旋纹构成的"五线谱"状条带装饰；外壁常见一道单线或双线弦纹，少数产品在近底足处刻划莲瓣。

在烧成温度偏低、釉色青灰或酱褐的粗制产品中，仅研钵内壁刻划不规则篦纹、钵类器皿外壁贴塑鼓钉装饰，其余皆素面无纹。值得注意的是，这类粗制产品的釉层多呈乳浊状，且不论何种釉色均有窑变现象。零星器物的釉层更见规律性窑变，似玳瑁纹。

本章以纹样题材为划分依据，详尽列出调查所见诸类纹样。

## 第一节 主体纹样

### 一 莲纹

丽水保定窑采集遗物所见莲纹装饰形态丰富，写实及抽象风格均有。（图 4-1 ～ 4-4）

观察其中一类写实图像，比对其与真实花卉的象生程度，推测窑址所见莲纹的创作应当大量参考了本土景观。此类纹样构图以对称的莲花花冠及横展的一片波浪式莲叶为常见形态。花叶后方偶见对称的垂坠枝条（20 保 Y10：33、20 保 Y11：41），此细节也曾出现在龙泉东区生产的器皿之上。

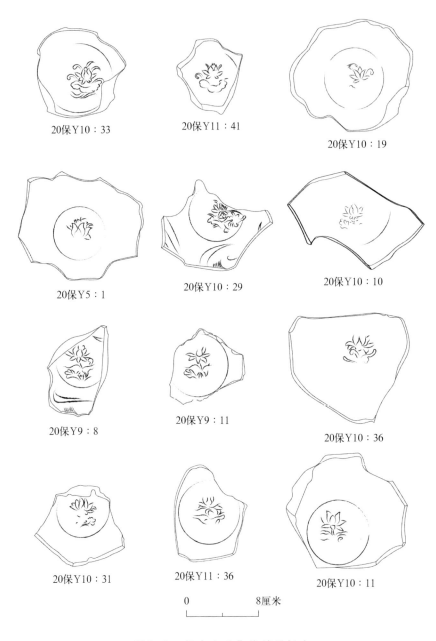

20保Y10：33　　　20保Y11：41

20保Y10：19

20保Y5：1　　　20保Y10：29　　　20保Y10：10

20保Y9：8　　　20保Y9：11

20保Y10：36

20保Y10：31　　　20保Y11：36

20保Y10：11

0　　　　　8厘米

图4-1　保定窑采集饰莲纹标本

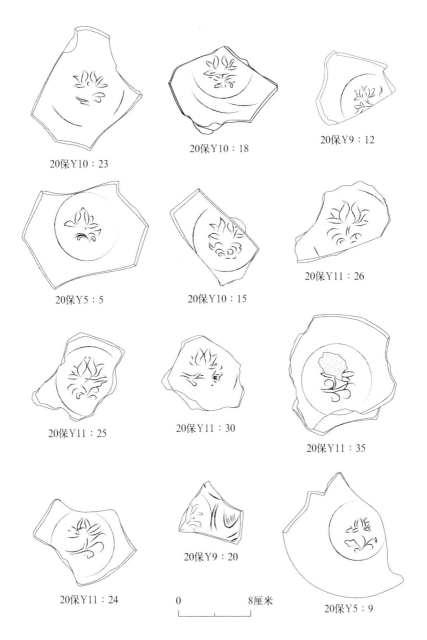

20保Y10：23

20保Y10：18

20保Y9：12

20保Y5：5

20保Y10：15

20保Y11：26

20保Y11：25

20保Y11：30

20保Y11：35

20保Y11：24

20保Y9：20

0　　　　8厘米

20保Y5：9

图4-2　保定窑采集饰莲纹标本

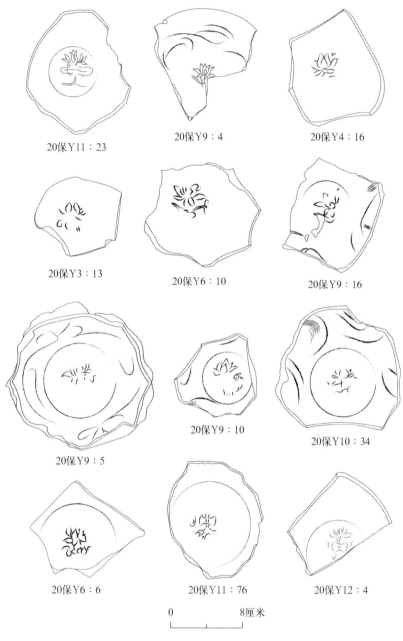

20保Y11：23

20保Y9：4

20保Y4：16

20保Y3：13

20保Y6：10

20保Y9：16

20保Y9：5

20保Y9：10

20保Y10：34

20保Y6：6

20保Y11：76

20保Y12：4

0          8厘米

图4-3  保定窑采集饰莲纹标本

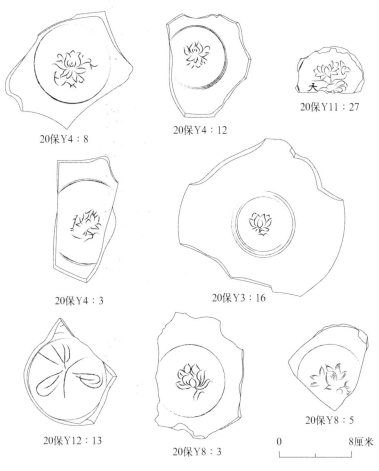

20保Y4：8

20保Y4：12

20保Y11：27

20保Y4：3

20保Y3：16

20保Y12：13

20保Y8：3

20保Y8：5

0　　　　　　8厘米

图4-4　保定窑采集饰莲纹标本

在细致描摹莲花形态的纹样之外，保定窑亦见一类以莲花、莲叶为母题的变体纹样。花冠的变化较小，莲叶则简化成多道有序排布的弧线（20保Y11：26、20保Y11：35），莲花的花卉特征依稀可辨。此外，部分装饰中还存在莲花与银锭等吉祥图案构成的组合纹样，少见于龙泉窑辐射范围内的其他窑址，许是当地窑工的独特创作。

工艺方面，由于釉层的洇盖、窑具及杂质的粘连，部分纹样的装饰技法无法明确得以辨识，但刻划与模印皆有是可以肯定的。模印莲纹中，目前未见使用同一印模压制而成的，但存在许多极为近似的图案。值得注意的现象是，技法与布局相近的纹样曾出现于不同的窑址（20 保 Y12：8、20 保 Y9：11），这或许意味着窑工之间技术交流的存在，又或暗示窑址的生产者为同一人群，因而沿用了相同的制作方法与工具。

## 二　牡丹纹

牡丹与莲花同为中国古代装饰系统中最常见的花卉，保定窑亦多见以该类花卉形态为对象而创作的流行纹样（图 4-5、4-6）。与莲纹中花叶曾见抽象变体形态的情况不同，保定窑产品中的折枝牡丹主要呈现了植物的真实形态——对称卷曲的花苞包裹着花蕊，宽大圆润的花瓣向外舒展，部分纹样甚至体现了花萼与花叶的茎脉细节（20 保 Y10：17）。零星器物中，牡丹纹的花冠上方见有八思巴文（20 保 Y4：1）。

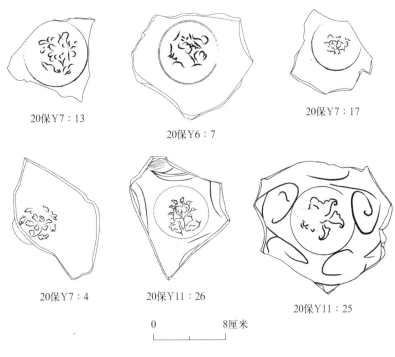

20保Y7：13

20保Y6：7

20保Y7：17

20保Y7：4

20保Y11：26

20保Y11：25

0　　　　　　8厘米

图4-5　保定窑采集饰牡丹纹标本

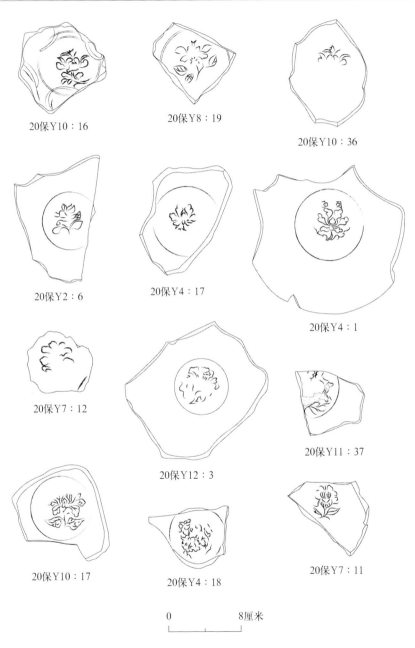

20保Y10：16

20保Y8：19

20保Y10：36

20保Y2：6

20保Y4：17

20保Y4：1

20保Y7：12

20保Y12：3

20保Y11：37

20保Y10：17

20保Y4：18

20保Y7：11

0　　　　　　8厘米

图4-6　保定窑采集饰牡丹纹标本

## 三　菊纹

保定窑所见的菊纹多为折枝状态，双头、单头均有，花冠之外普遍有少数花叶围绕其外（图4-7）。除单朵菊冠外，双头菊冠的布局共见两类：花冠或并蒂对称排布（20保Y8∶8），或一前一后相依（20保Y10∶22）。此

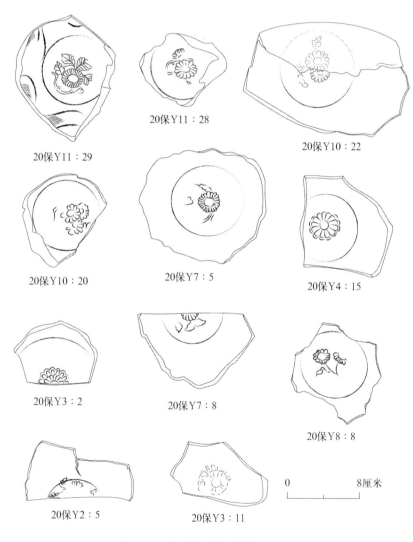

20保Y11∶29

20保Y11∶28

20保Y10∶22

20保Y10∶20

20保Y7∶5

20保Y4∶15

20保Y3∶2

20保Y7∶8

20保Y8∶8

20保Y2∶5

20保Y3∶11

0　　　　　　　8厘米

图4-7　保定窑采集饰菊纹标本

类菊纹的近似纹样在龙泉窑窑址中亦有发现，元明时期较为流行。晚期窑址如 Y3、Y4 采集的产品器心开始出现一类模印而成的多重菊瓣纹（20 保 Y4∶15、20 保 Y3∶2 等），无枝叶细节，仅见俯视视角下盛放的花冠形态。

## 四　葵纹

葵纹的花朵形态与菊纹较为近似，突出特征在于花盘处的密集小点、明确的花卉主茎及顶端急收、呈尖凸状的叶片。保定窑葵纹主要见三种形态（图4-8）：一类为单头折枝形态，由细小圆弧状的椭圆形花盘及蜷曲的花茎构成（20 保 Y11∶31），花瓣与花盘之间无明显分界；一类花卉形态与前者相似，但呈现出双头对称的花叶布局，主茎下方见有和汉字的组合装饰（20 保 Y9∶13）；一类为双头葵纹，花盘边界明确，且花瓣所占比例明显增大（20 保 Y7∶15）。

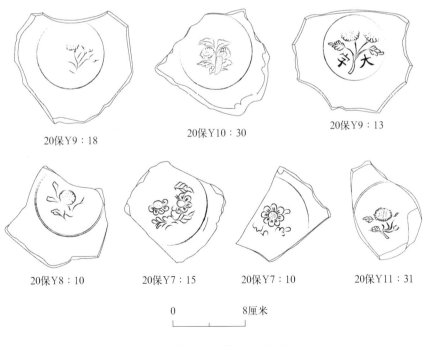

20保Y9∶18　　　20保Y10∶30　　　20保Y9∶13

20保Y8∶10　　20保Y7∶15　　20保Y7∶10　　20保Y11∶31

0　　　　　8厘米

图4-8　保定窑采集饰葵纹标本

## 五　梅纹

　　与前述纹样亦见于龙泉窑其他窑址的情况不同，保定窑梅花纹样的装饰图像样式稳定，且似乎仅见于丽水保定一地（图4-9）。其基本形态为整簇梅花枝条，一般见三至四条枝丫上缀有四朵五瓣梅花与零星未放花苞，且斜

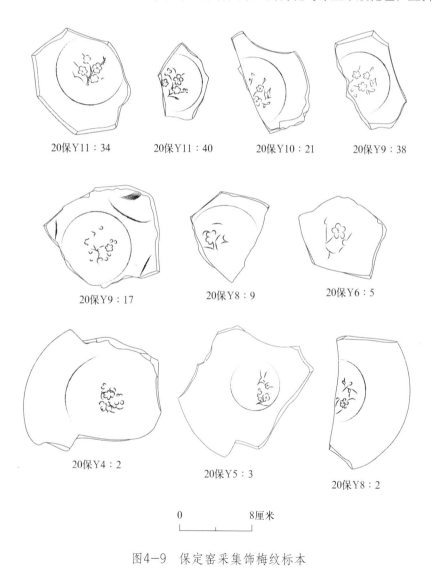

图4-9　保定窑采集饰梅纹标本

倚的花卉下方翻飞戏蝶（20保Y11：34）。该纹样在保定村范围内的各个窑址多有出现，延续时间较长。

## 六　动物纹

目前保定窑产品所饰动物纹样见有鱼、鹿、羊三类（图4-10）。其中双鱼纹自南宋时期在龙泉窑即已出现并盛行于元，以器内底心凸起的浮雕状模印贴花式纹样最为典型。保定窑亦见双鱼纹样，然所使用的装饰技法以刻划为主，双鱼头尾相对，间饰有水波纹（20保Y7：14）。鹿纹则主要表现小鹿奔跃于林间的状貌，周身辅以卷草纹样，似乎具有某种吉祥含义（20保Y3：9）。装饰羊纹的标本于本次调查中仅见一例（20保Y8：6），山羊犄角后仰，四肢舒展，似口衔仙草，姿态惬意，或是呈现其时动物的自然状态，或是具有某种特殊寓意，由于标本数量稀少，仅就其"衔草"意象暂视作某种祥瑞图像。

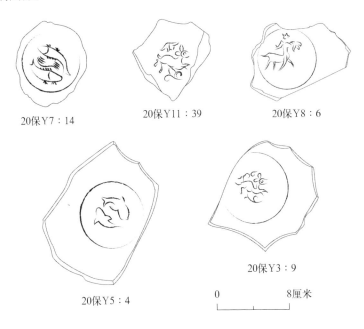

20保Y7：14　　　20保Y11：39　　　20保Y8：6

20保Y5：4

20保Y3：9

0　　　　　8厘米

图4-10　保定窑采集饰动物纹标本

## 七　杂宝纹

保定窑的元代产品中见有杂宝装饰，多在器心刻划四等分框线，其间填充银锭、犀角、盘长等宝物（图4-11）。这类纹饰在元代广泛地出现在龙泉窑各处窑场之中。另如前文所述，保定窑早期窑址中有莲纹与银锭图案的组合装饰（20保Y11：76），可能是当地窑工的独特创作。

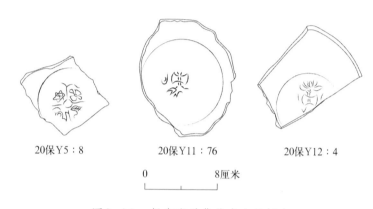

20保Y5：8　　　　　　　　20保Y11：76　　　　　　20保Y12：4

0　　　　　　8厘米

图4-11　保定窑采集饰杂宝纹标本

## 八　文字装饰

保定窑产品上的文字装饰可分为两种模式，即单独以文字作为主体纹样，或以文字作为花卉、祥瑞纹样的辅助装饰（图4-12、4-13）。前者见八思巴文及"富""贵""寿""平心"等字款，均使用刻划技法。后者见"天""大字""天下太平"等字样或八思巴文点缀在主体纹样周围。

## 九　其他纹样

其他依稀可辨的纹样包括有火焰珠纹、莲蓬纹及山茶花纹等，另有部分纹样因笔触模糊未能辨识（图4-14、4-15）。火焰珠纹中，浑圆宝珠一般位于单簇火焰的左上方，焰形完整，焰尖飘逸升腾（20保Y9：7）。景德镇窑元代产品中亦见近似图像，单簇状态的此类纹饰一般被判为摩尼珠纹，为佛教吉祥宝物。龙泉青瓷中除以火焰珠纹作为单独纹样外，另见与云龙纹同时出现的情况，宝珠与火焰似由龙口喷出，在云间翻腾。莲蓬纹以变体四

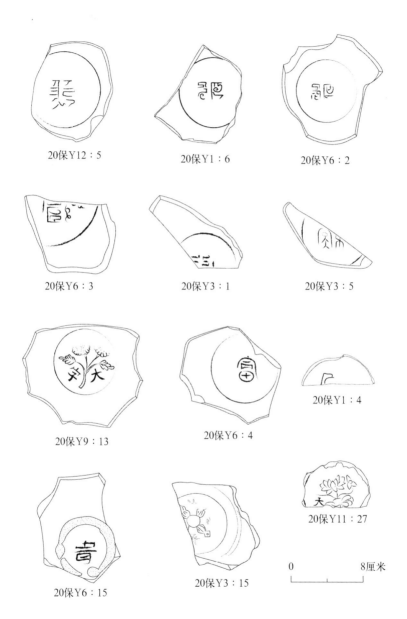

20保Y12：5

20保Y1：6

20保Y6：2

20保Y6：3

20保Y3：1

20保Y3：5

20保Y9：13

20保Y6：4

20保Y1：4

20保Y11：27

20保Y6：15

20保Y3：15

0　　　　　　　8厘米

图4-12　保定窑采集文字装饰标本

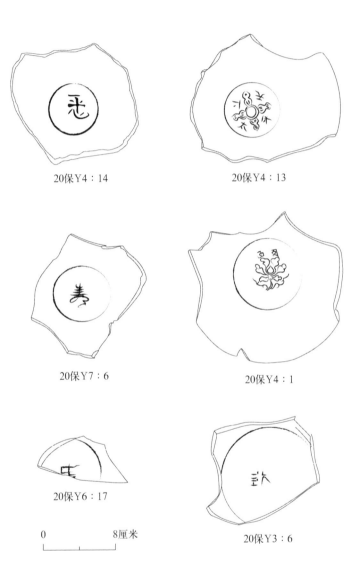

20保Y4：14

20保Y4：13

20保Y7：6

20保Y4：1

20保Y6：17

0        8厘米

20保Y3：6

图4-13 保定窑采集文字装饰标本

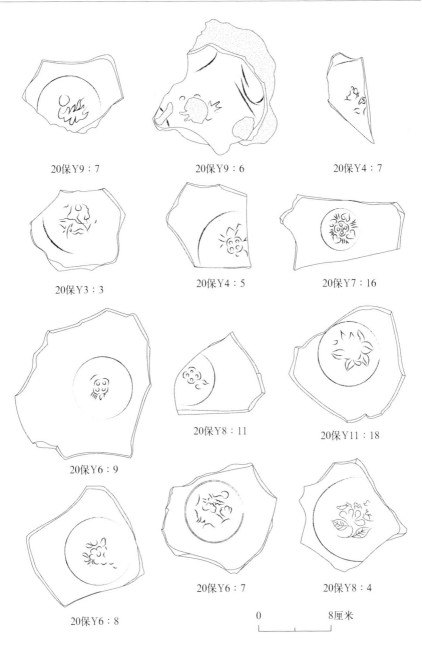

20保Y9：7 20保Y9：6 20保Y4：7

20保Y3：3 20保Y4：5 20保Y7：16

20保Y6：9 20保Y8：11 20保Y11：18

20保Y6：8 20保Y6：7 20保Y8：4

0 8厘米

图4-14 保定窑采集饰其他纹样标本

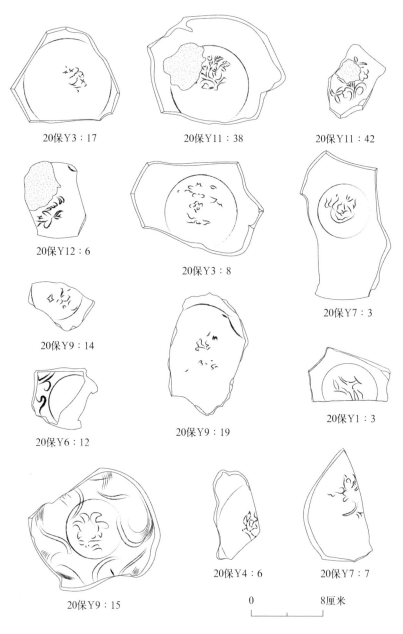

20保Y3：17　　　20保Y11：38　　　20保Y11：42

20保Y12：6

20保Y3：8

20保Y7：3

20保Y9：14

20保Y9：19

20保Y1：3

20保Y6：12

20保Y9：15

20保Y4：6　　　20保Y7：7

0　　　　　8厘米

图4-15　保定窑采集饰其他纹样标本

瓣莲蓬为图案中心，周围分列四处心形如意纹，状似盛放莲瓣（20保Y7：16）。该纹样在多个窑址出现，流行时间较长。山茶花纹主要由圆形花瓣及阔大叶片的特征而得以识别（20保Y11：18），在本次调查中并不多见。

20保Y6：1

0　　　　　　　8厘米

图4-16　保定窑采集特殊碗器残片

在本次调查活动中曾单独采集到一例碗器残片（20保Y6：1，图4-16），由装饰风格判断其生产年代远早于本次调查所得其他标本，故暂不纳入保定窑的产品范围。

## 第二节　辅助纹样

保定窑产品中的辅助纹样，即一类填充于器物内外壁、分布于内底主体纹样区域之外的装饰图案，以刻划为常见技法（图4-17、4-18）。这类辅助纹样与前述主体纹样一致，普遍出现于一类具有典型龙泉窑风格的青瓷产品之上。

器物内壁的刻划装饰多见莲花图案，以深划或斜刀浅刻的手法勾勒莲花、莲叶的花叶轮廓。部分内底心有主体纹样的器物，其内壁见有一类水波纹装饰，图案普遍围绕主纹对称、等分状分布，一般先由斜刀浅刻弯曲弧

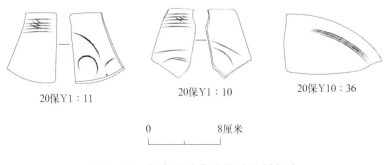

20保Y1：11　　　　　20保Y1：10　　　　20保Y10：36

0　　　　　8厘米

图4-17　保定窑采集饰辅助纹样标本

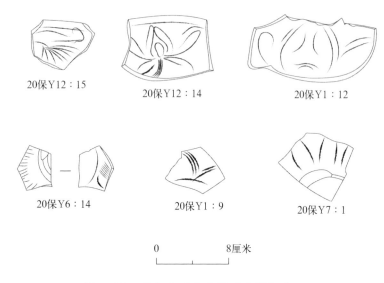

20保Y12：15

20保Y12：14

20保Y1：12

20保Y6：14

20保Y1：9

20保Y7：1

0　　　　　　8厘米

图4-18　保定窑采集饰辅助纹样标本

线，再在其间使用篦划、浅划的手法填充纹样，丰富细节。

　　器物外壁靠近口沿处常见旋纹构成的"五线谱"纹，由数道平行弦纹及几道与之相交的短斜线构成，因状似音符列于五条等距横线上的记谱形态而得名（20保Y1：11）。外壁中央及近底足处偶见旋纹及莲瓣纹装饰。莲瓣纹装饰可分为两种主要类型：其一是以外底心为莲心，在外壁靠近底足处装饰一圈向四周扩散的射线，似乎是模仿莲瓣脉络（20保Y6：14）；其二是采用单线或双线的划花技法勾勒莲花的花瓣外廓（20保Y1：9）。按龙泉东区发掘报告，后一类装饰主要流行于元中晚期。

# 第五章 结 论

在 20 世纪 20 年代陈万里先生"走出书斋"的初步调查活动中，丽水保定窑即已被纳入考古学的研究视野，至今已近百年。虽然文物管理部门曾对该遗址进行过多次考古调查及发掘清理工作，但保定窑的历史面貌仍存在着许多模糊的部分。

此前，保定窑各处窑址的生产年代均被宽泛地判断为宋至明，始烧年代推测为南宋晚期。本次调查活动在验证先前考古学判断的基础上，首先对村内五窑（Y1 ～ Y5）、水尾三窑（Y6 ～ Y8）和后窑山四窑（Y9 ～ Y12）进行了更为细致的器物分期，建立了更加系统的器物发展序列，基本明晰了窑业生产由村外向村内区域移动的时空规律，并推测其于 13 世纪初，即南宋中期已开始生产活动。其次，通过对各窑址产品类型的扩充，进一步揭示了保定窑的产品品类与器物特征。例如，韩瓶早先仅于 11 号窑址（Y11）中发现，本次调查则在后窑山邻近的 Y10、Y11、Y12 二处窑址中均采集到这一器形。另外，调查发现保定窑装烧工艺在由泥饼填烧、泥点间隔转变为涩圈、涩饼叠烧的过程中，存在一定的技术尝试及过渡阶段，显示出一条清晰的技术转变路线，为研究涩圈工艺在龙泉窑的出现及发展提供了线索。再次，调查采集有一类生产于南宋末期至元早期的粗制产品，其器物特征与同时期龙泉东区及金华、台州等地窑场产品具有一定的相似性，显示浙南地区瓷窑业可能存在技术交流及互动。最后，保定村瓷窑业始于南宋、盛于元代而在明代衰落的情况，恰对应着龙泉窑窑业内外销贸易的总体发展趋势，尤其可作为旁证进一步勾勒元代"龙泉天下"的贸易格局。

## 第一节　保定窑的始烧及早期窑业转移情况

根据本次调查结果，保定窑的整体窑业上限可推至 13 世纪初，约始烧于南宋中晚期。最初的区域性窑业中心在村西北部后窑山附近，临近西侧洪塘。当地流传有民间说法一则，即洪塘最初的形成为窑工取瓷土所致，此传闻暂无明确史料可证。光绪间《处州府志》同时提及洪塘和附近之古窑："高冈寨……其右巉岩雄峻为狮子山，洪塘之水出焉，西为后窑山，有古三十六窑遗址。"[1] 加之调查所见的早期窑址与洪塘相对位置极为邻近，或许意味着当地窑址生产与洪塘的形成确存在着一定的历史关联。

洪塘为通济堰的组成部分，功能在于储备灌区内多余水源"以备溪流之不及"[2]。其始建年代传为南宋开禧年间，由郡人何澹奉旨调兵开凿而成。其中《处州府志》显示何澹所遣之人马为"本州兵"[3]，而《浙江通志》又言其调派人员为洪州兵[4]。后者或与"洪塘"的命名有关，然具体情况在明末即已

[1]　（清）潘绍诒修，周荣椿撰：《光绪处州府志》卷之二，《中国地方志集成·浙江府县志辑》，上海：上海书店，1993 年，第 72 页。

[2]　"去（丽水）县而西至五十里有堰，曰通济，障松阳、遂昌两溪之水，引入圳渠，分为四十八派，析流畎浍，注溉民田二千顷。又以余水潴而为湖，以备溪水之不至……梁有司马詹氏，始谋为堰，而请于朝；又遣司马南氏共治其事，是岁，溪水暴悍，功久不就。一日，有老人指之曰：过溪遇异物，即营其地。果见白蛇自山南绝溪北，营之乃就。"见（宋）关景晖：《丽水县通济堰詹南二司马庙记》，宋烜著《丽水通济堰与浙江古代水利研究》，杭州：浙江大学出版社，2018 年，第 300 页。

[3]　"洪塘，宋开禧间郡人参政何澹奉旨调本州兵濬通济堰工竣命凿此塘，大三顷七十亩，并县西五十里。"见（清）潘绍诒修，周荣椿撰：《光绪处州府志》卷之四，《中国地方志集成·浙江府县志辑》，上海：上海书店，1993 年，第 143、144 页。

[4]　"洪塘，在县西五十里宋开禧间郡人参政何澹调洪州兵开凿。"见（清）嵇曾筠等修，沈翼机等纂：《浙江通志》卷六十一，纪昀等编《景印文渊阁四库全书》第 520 册，台北：商务印书馆，1986 年，第 535 页。

不可考[1]。若方志所载属实,洪塘确为南宋开禧间掘成,则恰与本次调查所推测的保定窑始烧时间大致相当,稍晚于窑场形成年代。由此,何澹于干渠两岸的广大区域中选择在后窑山西侧开凿湖塘,或与窑址取土形成的凹陷地貌有关。但此种猜测缺乏直接证据。

此外,洪塘与堰渠联通,属堰区范围而受辖于堰规。北宋姚希任县尉时曾在处州知州关景晖的任命下重修通济堰并制定堰规,事迹见明洪武重刻丽水通济堰规题碑阴所载:"访于闾里耋旧,得前郡守关公所撰记,略载前事……仍以姚君县尉所规堰事,悉镂碑阴。"[2]南宋乾道五年(1169年)刻重修通济堰规碑记录了堤堰管理办法十九条,其中有如下规定:"(湖塘)务在储蓄水利或有浅狭去处,湖圳首即合报圳首及承利人户率工开淘。不许纵人作塝为塘及围作私田,侵占种植,防众人水利。湖塘堰首如不觉察觉,即同侵占人断罪,追罚十一贯。入堰公用,许田户陈告。"[3]堰塘储水不可私用,意味着附近窑场不可使用洪塘储水及附近与之相连的水源,即存在限制窑场就地取水的可能。因此,就区位条件分析,南宋晚期后窑山附近窑址逐渐停烧、保定窑窑业生产逐渐向水尾处转移的情况,或许与水源的获取情况存在一定关联。然而正如前文所言,窑炉本身的使用寿命及其他制作原料的获取途径同样会影响窑业的区域性移动。保定村后窑山早期窑址群没有继续沿山选址,而逐渐向西部干渠方位转移,可能存在更为复杂的原因。

---

[1]　"洪塘,在县西五十里宝定庄,周九百八十二号,计额三百三十四亩八分三厘四毫七丝二忽。旧传宋开禧间郡人参政何澹奏调本州兵三千竣通济渠竣命凿此塘。府志因之。又传澹调洪州兵所凿。浙江通志因之。论者颇衣调兵为疑。今考宋制,大兴作故得调发,如丁宝臣杭州石堤记,称知府杨偕条上方略诏,发江淮南二浙、福建兵是也,惟一以为本州,一以为洪州。靡所征信。故栝苍汇纪并没其文。"见(清)彭润章:《(同治)丽水县志》卷三,《中国方志丛书·华中地方·第一八六号》,台北:成文出版社,1975年,第289、290页。

[2]　(宋)赵学老:《丽水通济堰规题碑阴》,宋烜著《丽水通济堰与浙江古代水利研究》,杭州:浙江大学出版社,2018年,第327页。

[3]　(宋)范成大:《丽水县修通济堰规》,宋烜著《丽水通济堰与浙江古代水利研究》,杭州:浙江大学出版社,2018年,第332页。

## 第二节　保定窑的衰落与文献中"处窑"

纵观龙泉窑的整体发展脉络，其元末明初的产品特征相近，在器物无自铭或纪年信息，且缺乏考古学证据的情况下，通常难以辨别具体年代。由此，即便未采集到典型的明代器皿，但联系此前调查、发掘成果，龙泉窑保定窑址延烧到明代的判断是成立的。而晚期窑址中，最有可能在明代仍有生产的窑址为村中心区域的 Y3 与 Y4，但其窑业衰落、停烧的具体时间未知。

在实物材料匮乏的情况下，保定窑的衰落于史料中则有迹可循。据《明史》等载，嘉靖年间，丽水知县林性之曾处理当地窑户窜逃事件。其时丽水县窑业课税繁重，窑户逃绝。性之任官后，即免去窑户额岁并将其匠籍转为军籍，以解决人员流窜问题 [1]。此记录虽为人物传记，但也显示明晚期丽水一地的窑业生产问题严重，衰病已久而难以为继。且嘉靖十一年（1532 年）保定村区域大水，通济堰坏，虽主簿王伦仅费两月即修筑完毕 [2]，然沿渠分

[1]　a. "林性之，字师吾，晋江人，嘉靖八年进士，除丽水知县。为人恂愗，不事钩距，吏民自不敢欺。县故有窑户，以课重，毕逃，遂均诸并窑居人。性之为奏，除其额岁当造赤籍以窜绝告者，三十余家。"见（清）万斯同：《明史》卷三百一，列传一百五十二，上海：上海古籍出版社，2008年，第299页。

　　b. "林性之……嘉靖元年举于乡，八年举进士，授浙江丽水县知县三年……然者，其始令丽水邑，故有窑课，后窑户以课重，徙尽，则均其课于病窑之不为窑者。至性疏除其额，凡若干会造籍时里中，以窜绝自言者。三十余户。吏以为无故减三十余户且得罪性，竟减之。守令本以盈课额多户为功最，而性之为令盖如此。"见（明）过庭训：《本朝分省人物考》卷七十一，顾廷龙编《续修四库全书》第535册，上海：上海古籍出版社，2002年，第158页。

　　c. "林性之，晋江人也……举进士知丽水县……邑故有窑课，后窑户以课重，走徙尽，则均其课于并窑。居人之不为窑者，民苦之。性之疏除其额，会造籍里中，以窜绝自言者数十户，毕减。守令本以课额户口为殿最，而性之为令如此，盖其循也。"见（明）邓元锡：《皇明书》卷二十九，顾廷龙编《续修四库全书》第316册，上海：上海古籍出版社，2002年，第222、223页。

[2]　"明嘉靖十一年大水，堰坏。知府吴仲令知县林性之主簿王伦筑之，两月而成……李寅记，环栝皆山，溪流峻驶，雨辄溢，止则涸。匪惟弗民利而以为民害者，众也。粤稽往牒善导之，使为民利者，间有之，若丽水通济堰其一也。堰始萧梁时詹氏南氏二司马障松逐水，东挹大川，疏以为派。自宝定抵白桥为例。"见（清）潘绍诒修，周荣椿撰：《光绪处州府志》卷之四，《中国地方志集成·浙江府县志辑》，上海：上海书店，1993年，第137页。

布的窑业生产必已遭受重创。此外，嘉靖四十年（1561年）成书之《浙江通志》亦有述："县南七十里曰琉华山……山下即琉田，居民多以陶为业……自后，器之出于琉田者已粗陋，利微而课额不减，民甚病焉。"说明明晚期处州地区的窑业课税负担已极大地影响了瓷窑生产。由此不难推测，龙泉窑保定窑址的衰落期至迟当在明晚期。

此外，保定窑是丽水地区存续、兴盛时间最长且窑址集聚程度最高的窑场，又与旧处州府治距离较近，其是否与文献中的宋"丽水窑"及明"处窑"存在关联也有待探索[1]。

清人朱琰于乾隆年间撰成的《陶说》中提及："哥窑在元末新烧，土脉粗燥，色亦不好。龙泉窑在明初移处州府，青色土垩，火候渐不及前矣。"[2]后为光绪年间《龙泉县志》所引[3]。蓝浦所著《景德镇陶录》亦照此说法略作补充，其"处窑"条道："浙之处州府自明初移章龙泉窑于此烧造至今，遂呼处器，土粗垩，火候汁水皆不得法，或犹有以龙泉称者，要非古辈窑比也。"[4]同书"丽水窑"条又云："（丽水窑）亦宋所烧，即处州丽水县，亦曰处窑，质粗厚色如龙泉，有浓淡，工式尤拙。"认为丽水一地宋时便已烧造龙泉风格的产品，明初出现"处窑""处器"的概念。据此，民国时期陈万里著《瓷器与浙江》亦直接转述龙泉窑明初移至处州的情况[5]。陈佐汉著《古欢室青瓷研究浅说》则更加具体，言"明季瓷器中兴，有龙泉窑在琉田，后

---

[1] "定侯送来丽水分区图，方才发见瓷片处，果然地名瓷窑。此分区图系民国四年时依照自治区域划分，属南孝区四都，本来是孝行乡，与旧志所记载的适合，那末这就是所谓处州的窑基了。到底处州窑是指瓷窑，抑指宝定，容后再考。"见陈万里：《龙泉仿古记》，《瓷器与浙江》，北京：中华书局，1946年，第77页。

[2] （清）朱琰：《陶说》卷二，顾廷龙编《续修四库全书》第1111册，上海：上海古籍出版社，2002年，第272页。

[3] "朱琰《陶说》有谓，哥窑在元末新烧，土脉粗燥，色亦不佳。龙泉窑在明初移处州府，青色土垩，渐不及前。"见（清）顾国诏等：《（光绪）龙泉县志》卷之一，《中国方志丛书·华中地方·第二一七号》，台北：成文出版社，1975年，第155页。

[4] （清）蓝浦著，郑廷桂补辑：《景德镇陶录》卷七，顾廷龙编《续修四库全书》第1111册，上海：上海古籍出版社，2002年，第399页。

[5] 陈万里：《龙泉青瓷之初步调查》，《瓷器与浙江》，北京：中华书局，1946年，第48页。

迁丽水宝定"[1]。

但是清人所谓明初龙泉窑的窑业转移现象是否属实仍然存疑。《陶说》中记录明初龙泉窑移处州府的内容是在对古哥窑的评论之中，并转引了曹昭《格古要论》观点。而曹昭于洪武年间评述"古龙泉窑……今曰处器"[2]，龙泉本就处于处州府（路）的管辖之下，称呼其为"处器"未尝不可。由此，目前所见的文献材料并不能直接反映龙泉窑在当时的窑业转移情况。

若明清阶段确有"处窑"这一区别于龙泉窑的概念，按清人文献内容，丽水地区地理位置靠近府治，烧造年代由宋至明，产品风格又长期与龙泉地区保持一致然质量更为粗恶的窑口，符合诸多条件的确实仅有保定窑一处。且前文提及《明一统志》"丽水产青瓷器，求之不得。惟西乡宝定村，有废窑三十六所"的记述，也表明丽水青瓷器在明朝的确以保定窑的生产最为繁盛。

## 第三节　保定窑装烧工艺的演变轨迹

### 1.涩圈工艺的出现及发展轨迹

按类型学分析结果，保定村窑址群中 Y6 ~ Y12 等村外围窑址的整体年代稍早于村内各窑，属早期窑址。其中，Y6 与 Y8 的盛烧时期偏晚，Y7、Y10、Y11、Y12 等下限更早的窑址又几乎不见涩圈产品，则早期窑址中仅有 Y9 出现一类带"涩圈"制作意图的半釉小盏，极有可能是保定窑中最先使用涩圈工艺的器皿。该类器物圈足足墙细窄且较矮，最矮者墙高仅 1 毫米左右，几与器底齐平。圈足内有明显旋削痕迹，胎质、釉色等器物特征明显呈粗糙状态。这批小盏中，绝大部分仅在口沿及上腹使用蘸釉工艺施釉，在

[1] 陈佐汉一书已失传，此内容转载于徐渊若。见徐渊若：《哥窑与弟窑》，香港：百通出版社，2001年，第12页。

[2] "古龙泉窑在今浙江处州龙泉县，今曰处器、青器、古青器。土脉细且薄，翠青色者贵，有粉青色者。有一等盆底有双鱼，盆外有铜掇环。体厚者不甚佳。"见（明）曹昭撰，舒敏编，王佐增：《新增格古要论》卷之七，顾廷龙编《续修四库全书》第1185册，上海：上海古籍出版社，2002年，第240页。

内底自然形成不规则涩饼，以供后期直接叠烧；少部分见蘸釉后再次刮釉痕迹，证明此时窑工是有意识地在小盏内底制作涩圈。由于未见蘸釉器与Ⅱ式碗同出，而见有刮釉痕迹的涩圈产品大量与Ⅱ式碗同出，表明保定窑涩圈工艺存在"蘸釉"至"刮釉"的工艺演变趋势，意味着Y9这批蘸釉小盏或为保定窑采用涩圈工艺的初创产品。

由此看来，保定窑产品涩圈的制作方式较为粗率，早期大多采用蘸釉手段在器物内底形成不规则露胎区域，后期一般使用刮釉手法形成器物内底的涩圈或涩饼。但两种手段的发展并非完全隔离，窑工对于两种方法的使用似乎较为随意，如Y1、Y3、Y6所出涩圈叠烧类器皿，其涩圈、涩饼可见蘸釉、刮釉两种技法的施加痕迹。

2.装烧工艺的演变与相应的产品器类、器形变化

据统计结果，保定窑后期出现的Ⅱ式碗更多地使用涩圈叠烧工艺，且生产上限晚于涩圈工艺出现的时间节点。不难推测，这类器足形态由Ⅰ式向Ⅱ式的变化可能与涩圈工艺的流行有关，即Ⅱ式碗足端形态的变化可能是为了适应新的装烧方式。

保定窑所产Ⅰ式碗足端圆弧，足外墙均见旋削一圈的痕迹，主流的装烧工艺为泥饼填烧、泥点间隔。此种装烧方式南宋即有，为传统工艺的延续。以采用泥点间隔的叠烧产品为例，上层器物一般置于下层器物的内底之上。由于保定窑产品一般施釉至圈足甚至圈足裹釉，下层器物一般内底满釉，将上层器物的足外墙旋削一圈能够更好地避免足端与下层器物的器壁发生粘连。涩圈叠烧工艺出现后，下层产品内底不施釉，大大降低了釉层粘连的可能性，则窑工没有必要再添一道修足工序。Y3、Y4等后期窑址存在Ⅱ式碗足墙不断增高的趋势，其目的应同样是为避免器物在烧成过程中的粘连。

而在涩圈工艺出现之前，保定窑流行精、粗两类产品，前者具有典型的龙泉窑风格，后者则是一类釉色青灰、酱褐的粗制器皿，以D型碗为典型代表。由于极为零星的D型碗见有涩圈叠烧痕迹，说明D型碗作为早期主流粗器的衰落时间大致与涩圈工艺的出现时间同期。由此推测，使用涩圈工艺的

器皿，尤其是 Ⅱ 式碗，或许正取代了 D 型碗成为新的粗器品类以供应市场。

## 第四节　保定窑与周边地区的窑业互动

虽然装烧工艺的演变过程略显滞后，但保定窑主流产品的器物特征、窑炉烧制技术基本与龙泉地区的核心窑场保持一致，毫无疑问属龙泉窑的一处地方类型。而根据本次调查结果，保定窑元代中期涩圈工艺的采用经过了"蘸釉"至"刮釉"的技术演变过程，并出现一批早期的试验性产品（即蘸釉小盏），呈现出新型装烧技术由初创至成熟的发展脉络。此种技术创新的发生可能与当时龙泉地区核心窑场技术向外扩散有关。

保定窑显见龙泉窑风格、受龙泉窑直接影响的，是一批制作相对细致的精制产品，烧造年代覆盖保定窑的整体生产时段。这类精制产品中又见一类制作尤为精美的器物，即在 Y11、Y10 发现的一类足径宽大而圈足细窄、挖足深度与器底齐平，整体胎质细腻、釉色青绿、釉层较厚、有明显乳浊质感且多见细密开片，纹样精致的碗器残片，且这类产品不在后期其他窑址中出现，可能生产时代略早。由于未有明确年代证据，仅能将这批标本判定为早期的高档产品。

除典型龙泉窑风格产品之外，保定窑早期生产阶段制作、烧造一类粗制器皿。此类产品胎质粗疏，釉色呈青灰、酱褐、酱黑，施釉粗率，碗、盏类施釉不及底，釉面多见窑变，常有生烧现象。其中盏器见有与建盏类似的造型。该类产品的生产时间大致为南宋末期至元早期，风格相似的黑（酱）釉产品在龙泉安福、小白岸、武溪、张畈，缙云大溪滩，遂昌湖山等附近区域的窑址中也有发现。丽水地区之外，台州沙埠窑、金华铁店窑与武义地区的部分窑址 [1]、江西七里镇窑等地方窑场在同时期都生产类似的产品，体现了一定的时代特征。且婺州、缙云、遂昌及保定均位于浙南连接浙中地区的交通要道"括苍道"及"衢处线"上，存在窑业互动的条件与可能。

[1]　浙江省文物考古研究所：《武义陈大塘坑婺州窑址》，北京：文物出版社，2014年。

## 第五节　保定窑的内外销情况

水路交通方面，保定村位于龙泉溪、松阴溪折入大溪处，隔溪相望即是大港头村。后者因优越的地理位置及地形、地貌条件成为适宜船筏停靠的天然埠头，在历史时期的人、物往来间成为瓯江水道上交通运输的重要节点。陆路交通方面，保定村毗邻处州府治所在，连通有北接浙中区域的括苍古道、稽勾古道及南下闽粤的通济古道等多条要道。如此，保定窑之地望恰处于连通瓯江上下游、金衢与闽赣地区的水陆咽喉之上，尤其利于当地产业对外的沟通、销售及运输发展[1]。

鉴于粗制器皿制作水平粗朴简率，虽器形多样且主要为生活用器，如碗、盏、韩瓶、研钵、钵、盆、坛、罐、缸、壶、灯、急须等，不难推测此类器物应当为供应周边地区、就地销售的普通内销商品。而具有典型龙泉窑风格的青瓷产品则极有可能顺水、陆通道向外销售。由于保定窑这类产品的器物风格与龙泉当地生产的青瓷绝类，所以极难从当前已见的历史时期遗址中完成辨识与分离。目前仅宁波永丰库遗址见有一例饰梅花纹样的碗残片（T102 ④ a：38）[2]，应可确认为保定窑元代产品（图5-1）。因为就当前龙泉窑考古及传世的公开材料而言，此类折枝梅花与戏蝶的纹样内容及布局在龙泉窑各处窑场中仅见保定窑曾有生产。永丰库作为宁波唐宋子城范围内的重要仓储遗址，保定窑产品于其内出土，一定程度上反映了保定窑元代生产、销售及流通的蓬勃景象，甚至存在被纳入"海上丝绸之路"贸易框架的可能。

另外，保定窑后窑山 Y10、Y11、Y12 三处窑址发现有相当数量的韩瓶

---

[1] 邹怡：《丽水市莲都区的古道遗存及其在浙闽通道变迁中的位置》，《历史地理（第三十八辑）》，上海：复旦大学出版社，2018年，第189～214页。

[2] 宁波市文物考古研究所：《永丰库——元代仓储遗址发掘报告》，北京：科学出版社，2013年，第115页。虽然报告中将该标本列为明代龙泉窑产品，但也认为器物出土地层混有元代遗物，无法提供准确的年代信息。

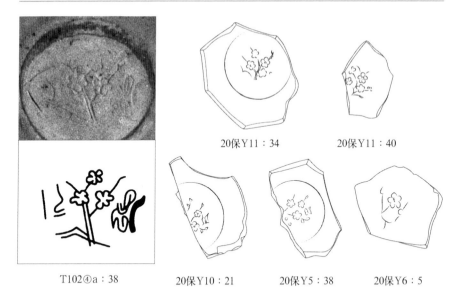

20保Y11：34　　　　　　20保Y11：40

T102④a：38　　　20保Y10：21　　　20保Y5：38　　　20保Y6：5

图5-1　梅花纹样对照

残器。此类器物整体造型修长、小口、丰肩、鼓腹、胫部内收，胎体粗疏厚重，釉色青灰、酱褐均有。其之所以定名韩瓶，普遍认为与南宋抗金名将韩世忠行军携带的军用水壶有关，也可作盛酒器。韩瓶在保定窑早期窑址大量出现，可能与两宋时期保定附近地区制酒业的发展有关。北宋时期处州的制酒业已颇为发达，北宋杨亿即记录有"龙泉酒坊"[1]的存在。《宋会要辑稿·酒曲杂录》亦有载九龙镇的酒税额数，与遂昌、青田、龙泉等其他县城并列，可见其酒业地位[2]。而九龙距离保定仅十余公里。南宋时期楼钥在其行记中曾记述："四十里宿横塘暮公岭间张家店，途中惟售溪坊酒颇佳，然比之黄碧味

[1]　《论龙泉县三处酒坊乞减额状》：见（宋）杨亿：《武夷新集》卷十五，表状四，《景印摛藻堂四库全书荟要》第368册，台北：世界书局，1988年，第222、223页。

[2]　"熙宁十年祖额六万九千四十四贯七百五十三文，买扑三千一百三贯三百三文，处州旧在城及遂昌、青田、龙泉、缙云、松阳县，九龙、利山镇八务，岁万一千一百六十九贯。"见（清）徐松辑，刘琳等校点：《宋会要辑稿》第11册，上海：上海古籍出版社，2014年，第6407页。

不及而价又三倍。"[1] 黄碧埠在缙云与金华地区的交界处，且售溪位于金华境内，与保定同位于括苍古道之上。由此观之，南宋时期保定一地的窑业生产或许与当时制酒业及市镇经济的存在与发展有一定的关联。

## 第六节　窑址价值评估及保护规划意见

### 1.窑址价值评估

#### （1）历史价值

保定窑是丽水市莲都区最重要的瓷窑业遗址，其窑业生产始于南宋而兴于元，入明后虽步入衰落阶段，然烧造传统一直延续至民国。保定村及附近区域仍留存的各处窑址，见证了保定窑营建、创烧、发展、衰落的完整历史过程，展现了当地陶瓷器烧造技术及艺术创作的历史成就。同时，作为保定村最为重要的手工业生产遗址，保定窑窑址也反映了南宋以来该地区的手工业生产情况、社会风尚与民众生活方式，为研究当地的社会历史、物质文化、生产生活方式、民俗信仰、思想观念提供了重要的实物资料。另外，保定窑烧成工艺、装饰技法及产品特征均显示来自于龙泉窑核心窑场的风格影响与技术辐射，同时也体现了保定窑工的自主创造和与其他邻近窑场的窑业互动，真实地呈现了宋元明时期瓯江流域瓷窑业生产与技术交流的鲜活图景。其地理位置又位于连通浙、闽、赣三地的水陆要道之上，所产器物既满足了周边居民的生活需要，又沿瓯江远销他乡，是元代"龙泉天下"贸易格局的重要组成部分。

#### （2）科学价值

保定窑窑址直观地反映了当地陶瓷手工业窑炉建造、窑具改良、烧造技术的发展与革新，其技术既融合了龙泉窑的核心成果，又因地制宜地按照自身生产需求形成了独特的发展脉络，成为保定一地传统陶瓷手工业生产技艺

---

[1]　（宋）楼钥：《北行日录》卷上，《丛书集成新编》第九三册，台北：新文丰出版公司，1985年，第707页。

创新、演变及传承的重要实证。同时，其窑业布局、工序组织又与当地水利设施通济堰结合，与当地自然、人文景观有效融合，为古代地方性窑场科学选址、营建的典型例证，体现了手工业者的生产智慧。

（3）艺术价值

保定窑遗址包含遗址本身及产品两部分的艺术价值。遗址方面，保定窑留存至今，在人与自然的共同作用下改造着保定一地原本的地理面貌，形成了窑业遗迹与自然山水、人工产物相嵌的独特遗址景观。十二座窑山与窑业遗迹点缀在碧湖平原之上，于地表显露出的遗迹形态塑就了保定村自成一格的人文、山水风光。产品方面，保定窑受龙泉窑影响之余，又结合当地风光与生活情境，创造出诸多具有地方特色的纹样与艺术装饰，增加了青瓷的装饰题材，反映了保定一地的民俗民风。

2.窑址保护规划意见

丽水保定窑址作为国家重点文物保护单位通济堰的组成部分，早先已陆续完成"四有"工作，即有保护范围、有保护标志、有记录档案、有保管机构。其中保护范围一条，由于保定窑考古工作有限，除4号窑山暴露部分窑业遗迹之外，其余窑业遗迹几乎都处于地下掩埋状态，无法获知其准确分布范围。同时，由于周边村民的生活、建设及农业种植活动，部分窑山的边界混淆于农田、菜地、道路之间，需要重新明确。此外，基于本次调查结果（表5-1），另有如下几点初步的遗址保护、规划意见：

——整治当前保护范围内的侵占现象，有效修复遗址及周边环境。

修复遗址保护范围内的遗迹本体及周边景观环境，控制村镇建设用地、居民居住生活用地的扩张，禁止改变遗址原貌的所有种植、建设作业。

——完善安防监控装置，建立完整的监测管理系统。

虽然保定窑址已建立完整的文物保护"四有"档案，并已安排文保员巡查，但从目前的遗址状态来看，窑址的保护工作仍需要设置一定的安防监测设备。在此基础上，文保工作需要进一步明确监测范围、内容，并妥善安排人员分工，落实巡查管理制度。

表5-1 保定窑各窑址的基本保存概况

| 窑址名称 | 历史时期 | 保护单位级别 | 窑址保存现状 |
|---|---|---|---|
| 1号窑山（Y1） | 元 | 国保单位通济堰组成部分 | 地坪以上未见遗迹，地坪以下状况未知，窑山边缘已遭破坏，地面散见遗物 |
| 2号窑山（Y2） | 元 | 国保单位通济堰组成部分 | 地坪以上未见遗迹，地坪以下状况未知，地表已遭平整，地面遗物零星 |
| 3号窑山（Y3） | 元至明 | 国保单位通济堰组成部分 | 地坪以上未见遗迹，地坪以下状况未知，窑山边缘已遭破坏，扰动区域见零星遗物 |
| 4号窑山（Y4） | 元至明 | 国保单位通济堰组成部分 | 地坪以上尚存窑炉遗迹，推测地坪以下遗迹保存状况相对完好，地面散见遗物 |
| 5号窑山（Y5） | 元 | 国保单位通济堰组成部分 | 地坪以上未见遗迹，地坪以下状况未知，地表已遭平整，地面遗物零星 |
| 6号窑山（Y6） | 南宋至明 | 国保单位通济堰组成部分 | 地坪以上未见遗迹，地坪以下状况未知，窑山丘底因水渠建设与农业种植活动已受扰动，地面遗物零星 |
| 7号窑山（Y7） | 南宋至元 | 国保单位通济堰组成部分 | 地坪以上未见遗迹，地坪以下状况未知，地面散见遗物 |
| 8号窑山（Y8） | 元 | 国保单位通济堰组成部分 | 地坪以上未见遗迹，断面处见一堆积层，推测地坪以下遗迹保存状况相对较好，地面散见遗物 |
| 9号窑山（Y9） | 元 | 国保单位通济堰组成部分 | 地坪以上未见遗迹，靠近道路处破坏严重形成阶梯状田地，地坪以下状况未知，地面遗物零星 |
| 10号窑山（Y10） | 南宋至元 | 国保单位通济堰组成部分 | 地坪以上未见遗迹，地面以下状况未知，地面散见遗物 |
| 11号窑山（Y11） | 南宋至元 | 国保单位通济堰组成部分 | 地坪以上未见遗迹，地面以下状况未知，地面散见遗物 |
| 12号窑山（Y12） | 南宋至元 | 国保单位通济堰组成部分 | 地坪以上未见遗迹，地面以下状况未知，地面遗物极为零星 |

——划定重点保护区，启动专项整治、修复活动，设置一定的展示区域。

迄今为止，保定窑 12 处窑址均未策划、实施过任何展示工程。实际上，4 号窑山的保存状况较好，对其景观做进一步改善后，文物部门可尝试性地对外展示。有条件的情况下，展览空间、小型遗址公园也可纳入考虑范围。

——强调公众考古活动，增强周边居民文物保护意识。

公众考古活动，即将周边居民纳入考古、文物保护工作中来。充分利用各类有效的讲座、对谈、知识竞赛、临时巡展、文化遗产日活动等手段，广泛宣传保定窑遗址价值和保定窑文化，提高周边村民及各界人士的保护热情。

——联系当地古堰画乡、通济堰等景区旅游资源，进一步开发文化创意、文化旅游产业。

保定窑窑址是历史、科学、艺术知识和瓷文化的教育和观光场所，且毗邻古堰画乡、通济堰等已开发的重要景区。结合目前已有的文化创意、旅游产业，将保定窑遗址有效、合理地纳入其产业规划、布局中是互利共赢的一项举措：一是丰富已有文化资源的具体内涵，二是将保定窑遗址的保护工作引入活态传承、发展的进程之中。

——联动保定窑非物质文化遗产内核，将遗址价值有效转化为社会价值。

2012 年，文化部下发关于加强非遗"生产性保护"的指导意见，鼓励非遗技术在当代生产中完成有效传承，保护历史智慧。保定窑龙窑烧制技术具有相当的传承价值，亟需保护、宣传与复兴，文物保护、管理部门可从"非遗"传承的角度入手将其转化为社会价值，与社会、公众共享。

# 后　记

　　龙泉窑的考古工作始于 20 世纪 20 年代，当时陈万里先生"走出书斋"的举动不仅把龙泉青瓷纳入了学界的研究视野，也拉开了我国瓷窑址考古事业的序幕。直到 20 世纪 50 年代末，龙泉窑才迎来第一次正式的田野发掘活动，由浙江省文物管理委员会开展于大窑、金村片区。

　　丽水保定窑址虽然位于龙泉窑核心窑区的外围，但其发掘、调查活动在上述工作的辐射之下也得以展开：1928 年，陈万里先生发现了这一窑址；1959 年，牟永抗先生带领工作组对保定窑 4 号窑山进行了清理与发掘，形成了对该窑址的初步认识。之后的几十年里，地方上的文物工作者们对这一窑址展开了多次调查、整理、保护工作，积累了一定的研究材料。由于保定村所在为当地水陆交通咽喉之地，又与旧处州府治相近，加之丰富得宜的自然条件，考虑到诸多利于窑业发展的优势，我们完全可以想见其在历史时期窑业生产、销售、流通的盛况。而这显然与已有的认识存在出入。换言之，不论是作为龙泉窑重要的外围窑场，还是作为丽水地区核心的地方窑场，目前针对保定窑所做的工作是远远不够的。对于保定窑窑业内涵的深入探索，不仅将为地方传统陶瓷手工业在历史时期的发展与演变提供实证，也将成为龙泉窑研究的重要补充。

　　2019 年与 2020 年又恰为龙泉窑研究的两个大年。2019 年 7 月及 11 月，故宫博物院、浙江省博物馆、丽水市人民政府联合主办的"天下龙泉——龙泉青瓷与全球化"大展于故宫博物院与浙江省博物馆先后开幕展出。其展品数量之多、涉及产地与收藏者之广均为历年龙泉青瓷展览之最，是龙泉青瓷研究的一次阶段性成果展示，引起了社会的广泛关注与讨论。2019 年年底，复旦大学文物与博物馆学系沈岳明教授主持的"龙泉窑考古学研究"获国家社科基金重大项目立项。与此同时，丽水市莲都区文物保护管理所为深化地方窑业认识，同时加强对文物的保护与活化利用，委托复旦大学文物与博物馆学系主持开展横向课题"丽水保定窑址调查研究"。2020 年 7 月至 8 月，沈岳明教授组织丽水市莲都区文物管理保护所陈芳红、黄彩虹、刘鼎、郑菁等同志，以及复旦大学周雪妍、周禺含、陈恰、冯昊正、范翀等同学，对保定窑展开了田野调查、室内整理、后续研究及报告编写工作。

田野工作期间，莲都区政府、保定村村委及当地群众都对调查组给予了热心的帮助。当地一位吕姓村民从始至终地参与了调查组的工作，包括为成员引路等，提供了具体的支持。后囿于场地限制，室内整理工作由保定村转移至莲都区文化馆，莲都区文保所的工作人员为调查组提供了良好的后勤保障。正是有了这些协助，这次调查活动才能在有限的时间内全面、有序地采集到大量标本与器物碎片，并迅速地完成整理、统计、排队分析等工作。之后，为进一步了解保定窑与同时期周边窑场的互动面貌，调查组在暑期再赴台州、宁波地区的多个窑址及文物单位进行了观摩与求证，为窑业技术的传播路线及互动研究积累了比对素材。

本次调查活动从田野调查，到标本整理、统计编号、排对分析、线图绘制、器物描述、文物摄影等后续的诸多工作，均由调查组成员协作完成。报告的编写及野外彩照、数绘插图、地图制作等工作主要由周雪妍负责，沈岳明教授对全书文稿进行了统稿与审订。另外，本报告的出版得到了丽水市莲都区文化和广电旅游体育局（文物局）的资金支持与文物出版社的大力帮助。

谨此，对所有关心、支持本调查活动的单位与个人表示由衷感谢。

编者

2021 年 6 月

彩版

1.20保Y11：2（A型）

2.20保Y12：13（A型）

3.20保Y11：1（Ba型）

彩版一　碗

1.20保Y11：3（Ba型）

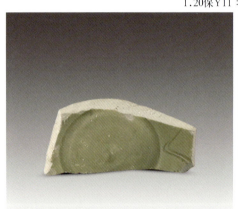

2.20保Y6：32（Bb型）

3.20保Y12：12（Bb型）

彩版二　碗

3.20保Y1：2（Ca型Ⅰ式）

1.20保Y12：59（Bb型）

2.20保Y12：11（Bc型）

4.20保Y1：5（Ca型Ⅰ式）

彩版三　碗

1.20保Y1：6（Ca型Ⅰ式）

2.20保Y1：7（Ca型Ⅰ式）

3.20保Y2：5（Ca型Ⅰ式）

4.20保Y4：2（Ca型Ⅰ式）

彩版四　碗

1.20保Y4：1（Ca型Ⅰ式）

2.20保Y6：2（Ca型Ⅰ式）

3.20保Y7：3（Ca型Ⅰ式）

4.20保Y7：16（Ca型Ⅰ式）

5.20保Y8：1（Ca型Ⅰ式）

6.20保Y8：20（Ca型Ⅰ式）

彩版五　碗

1.20保Y9：6（Ca型Ⅰ式）

2.20保Y9：7（Ca型Ⅰ式）

4.20保Y9：15（Ca型Ⅰ式）

3.20保Y9：13（Ca型Ⅰ式）

5.20保Y9：22（Ca型Ⅰ式）

彩版六　碗

1.20保Y9：23（Ca型Ⅰ式）

2.20保Y10：26（Ca型Ⅰ式）

3.20保Y10：29（Ca型Ⅰ式）

彩版七　碗

1. 20保Y10：16（Ca型Ⅰ式）

2. 20保Y10：30（Ca型Ⅰ式）

4. 20保Y10：33（Ca型Ⅰ式）

3. 20保Y10：31（Ca型Ⅰ式）

5. 20保Y11：29（Ca型Ⅰ式）

**彩版八　碗**

1.20保Y10：53（Ca型Ⅰ式）　　　　　3.20保Y11：35（Ca型Ⅰ式）

2.20保Y11：34（Ca型Ⅰ式）　　　　　4.20保Y11：39（Ca型Ⅰ式）

彩版九　碗

1.20保Y11：42（Ca型Ⅰ式）

3.20保Y6：15（Ca型Ⅱ式）

2.20保Y4：8（Ca型Ⅱ式）

4.20保Y8：12（Ca型Ⅱ式）

彩版一○　碗

1.20保Y3：14（Cb型Ⅰ式）

2.20保Y6：12（Cb型Ⅰ式）

3.20保Y11：6（Cb型Ⅰ式）

彩版一一　碗

1.20保Y4：12（Cb型Ⅱ式）

3.20保Y4：14（Cb型Ⅱ式）

2.20保Y4：13（Cb型Ⅱ式）

4.20保Y4：23（Cb型Ⅱ式）

彩版一二　碗

1.20保Y4：18（Cb型Ⅱ式）

2.20保Y5：1（Cb型Ⅱ式）

4.20保Y10：56（Da型）

3.20保Y10：50（Da型）

5.20保Y10：57（Da型）

彩版一三　碗

1.20保Y11：4（Da型）

3.20保Y11：48（Da型）

2.20保Y11：8（Da型）

4.20保Y11：50（Da型）

彩版一四　碗

1.20保Y11：73（Da型）

2.20保Y11：75（Da型）

3.20保Y12：1（Db型）

彩版一五　碗

3.20保Y2：1（A型小碗）

1.20保Y12：2（Db型碗）

2.20保Y1：12（碗腹残片）

4.20保Y12：16（B型小碗）

彩版一六　碗、小碗

1. 20保Y5：11（A型Ⅰ式）

3. 20保Y11：56（A型Ⅱ式）

2. 20保Y11：55（A型Ⅰ式）

4. 20保Y12：18（A型Ⅱ式）

彩版一七　盏

1.20保Y11：7（Ba型Ⅰ式）

2.20保Y11：49（Ba型Ⅰ式）

3.20保Y11：54（Ba型Ⅰ式）

**彩版一八　盏**

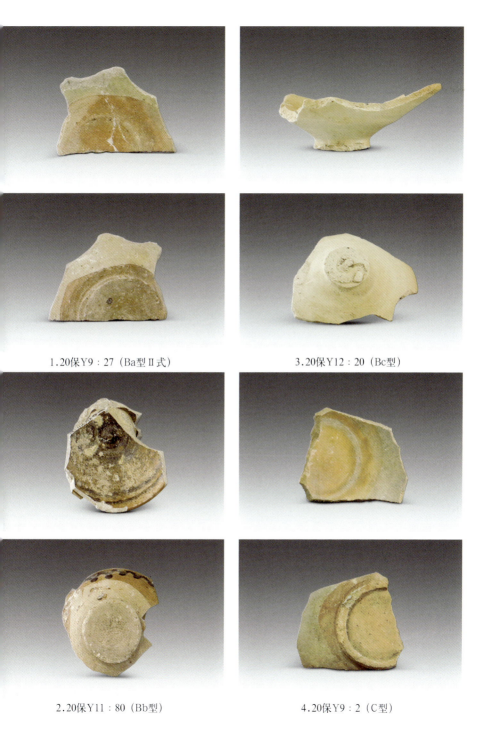

1.20保Y9：27（Ba型Ⅱ式）　　　　3.20保Y12：20（Bc型）

2.20保Y11：80（Bb型）　　　　4.20保Y9：2（C型）

彩版一九　盏

3.20保Y1：13（A型盘）

1.20保Y9：39（C型盏）

4.20保Y7：25（A型盘）

2.20保Y9：41（C型盏）

5.20保Y10：41（A型盘）

彩版二〇　盏、盘

1.20保Y1：8（B型）

3.20保Y10：52（B型）

2.20保Y9：30（B型）

4.20保Y11：52（C型）

**彩版二一　盘**

1.20保Y7：21（A型）

3.20保Y9：31（B型）

2.20保Y11：77（A型）

彩版二二　高足杯

1. 20保Y10∶42

2. 20保Y12∶36

彩版二三　韩瓶

1.20保Y12：23（A型）

2.20保Y11：79（B型）

3.20保Y11：63（C型）

彩版二四　研钵

1.20保Y12：25（A型）

2.20保Y12：28（B型）

3.20保Y10：44（C型）

4.20保Y10：46（Da型）

5.20保Y11：58（Db型）

6.20保Y11：61（Db型）

7.20保Y12：29（Db型）

彩版二五　钵

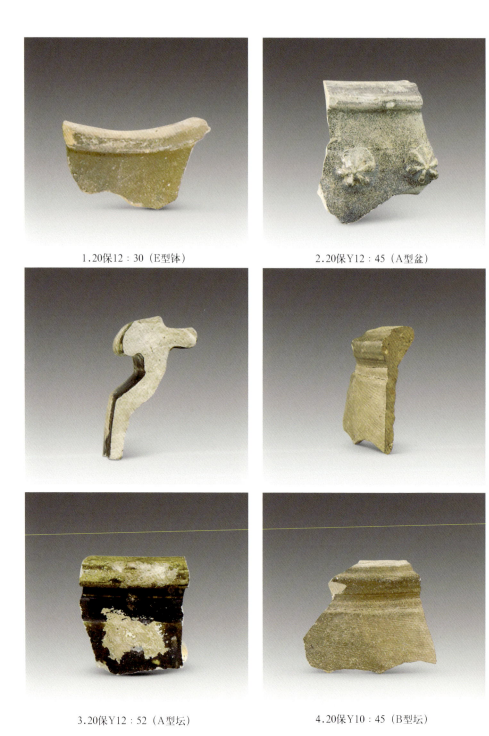

1.20保12：30（E型钵）

2.20保Y12：45（A型盆）

3.20保Y12：52（A型坛）

4.20保Y10：45（B型坛）

**彩版二六　钵、盆、坛**

1.20保Y6：24（C型坛）

2.20保Y11：64（缸）

3.20保Y6：22（A型罐）

彩版二七　坛、缸、罐

1.20保Y12：32（Ba型）　　　　2.20保Y12：33（Ba型）

3.20保Y12：34（Bb型）　　　　4.20保Y12：35（Bb型）

彩版二八　罐

1.20保Y11：71（A型）

3.20保Y12：51（Ba型）

2.20保Y12：50（Ba型）　　　　4.20 保Y12：47（Bb型）

彩版二九　壶

1.20保Y12：42（灯）

2.20保Y12：43（急须）

3.20保Y12：21（器盖）

4.20保Y12：57（瓦片）

彩版三〇　灯、急须、器盖、瓦片

1.20保Y11：72（泥饼）

2.20保Y11：81（垫具）

3.20保Y12：55（支具）

4.20保Y12：56（支具）

5.20保Y11：70（轴顶碗）

彩版三一　窑具